MÉMOIRE

SUR

LA GÉNÉRALITÉ

DE BOURGES.

RELATION DU SIÈGE DE SANCERRE EN 1573,

Par Jean DE LA GESSÉE et Jean DE LÉRY,

conformes aux éditions originales :

Suivies de diverses pièces Historiques relatives à la même ville.
1 vol. in-8°. — Prix : 6 fr.

HISTOIRE DU BERRY,

PAR LE PÈRE LABBE,

Suivie de Lettres inédites des Rois de France aux habitants
de Bourges, et d'une Notice sur l'ancien Hôtel-de-Ville
de Bourges, ornée d'une gravure de cet édifice et du plan
de Bourges, de N. de Fer, 1705, in-8°.
Prix : 1 fr. 50 c.

MÉMOIRE HISTORIQUE
SUR LE BERRY,
ET PARTICULIÈREMENT SUR QUELQUES CHATEAUX
DU DÉPARTEMENT DU CHER,

Par M. P.-J. DE BENGY-PUYVALLÉE,

Député de la Noblesse du Berry aux États-Généraux de 1789.
1 vol. in-8°. — Prix : 3 fr.

TARIFS
DE TOUTES LES MESURES AGRAIRES
DU DÉPARTEMENT DU CHER,

Comparées à celles adoptées par le Gouvernement.
Par M. PELET. — 2°. édit. 1 vol. in-18, 2 fr.

ANNUAIRE DU BERRY
(CHER ET INDRE),
ADMINISTRATIF, STATISTIQUE, AGRICOLE
ET HISTORIQUE,

Paraissant depuis 1840.
Chaque année un vol. in-18, grand format. . . 1 fr. 50 c.

MÉMOIRE

SUR

LA GÉNÉRALITÉ

DE BOURGES,

Dressé par ordre du duc de Bourgogne, en 1697,

PAR M. LOUIS-FRANÇOIS DEY DE SÉRAUCOURT,
INTENDANT DE LA PROVINCE DU BERRY;

Imprimé sous la direction du Baron DE GIRARDOT,
CONSEILLER DE PRÉFECTURE DU CHER.

A BOURGES,

CHEZ VERMEIL, LIBRAIRE-ÉDITEUR,

CORRESPOND¹. DU COMPTOIR CENTRAL DE LA LIBRAIRIE,

AU GRAND BOURDALOUE.

1844.

INTRODUCTION.

INTRODUCTION.

Le Mémoire que nous donnons ici est le plus ancien document statistique que nous ayons sur l'ancienne province du Berry. Il est bien loin d'être complet, il faut l'avouer, mais il offre l'intérêt qui peut s'attacher à un travail unique et qui doit résulter des circonstances dans lesquelles il a été rédigé.

L'histoire s'est plu à conserver le souvenir des vertus du duc de Bourgogne et des regrets qui suivirent sa mort prématurée. Ce digne élève de Fénélon promettait à la France un règne heureux par son ardeur à étudier l'art difficile de gouverner. — C'est ainsi que, pour connaître le pays qu'il devait administrer, il fit parvenir à tous les intendants de province des instructions détaillées, pour provoquer de leur part des mémoires exacts sur leurs généralités.

Le plan de cette vaste enquête avait été conçu par l'archevêque de Cambrai, qui eut soin, ainsi que le remarque M. Augustin Thierry (1), d'y faire entrer le passé comme le

(1) Récits des temps mérovingiens. — Considérations sur l'histoire de France.

présent, les vieilles institutions comme les progrès nouveaux de l'industrie et de la richesse nationale.

Louis XIV, qui avait confié l'éducation de son petit-fils à deux hommes aussi vertueux que le duc de Beauvilliers et Fénélon, et qui l'initia de bonne heure aux affaires, comprit la grandeur du projet, et se prêta à son exécution ; c'est ainsi que lut expédié, en 1697 (2), le *Mémoire que Sa Majesté a ordonné être envoyé à MM. les Maîtres des requêtes, commissaires départis dans les provinces.*

Il y était recommandé aux intendants :

De rechercher les cartes de leurs généralités ; de faire passer à Sanson, géographe du Roi, tous les renseignements nécessaires pour en dresser de plus parfaites, avec la distinction des évêchés, des archidiaconats, archiprêtrises et paroisses, etc., des gouvernements militaires, des ressorts des différentes juridictions ;

De faire connaître le nom et le nombre des évêchés et des subdivisions ecclésiastiques de tout genre ; le nom, l'âge, l'état et la disposition de l'évêque ; tout ce qui était relatif à sa vie, à ses mœurs, à son crédit dans le pays ; et quel effet il pourrait faire dans les temps difficiles ; sa réputation, l'étendue de son pouvoir sur les bénéfices et abbayes ; son revenu.—Le nom des abbayes, leur ordre, leur population, leurs propriétés, revenus, etc. ; des détails sur les abbés comme sur les évêques, et généralement tout ce qui pouvait concerner l'état ecclésiastique ;

Le nom des gouverneurs-généraux ; leurs maisons, leurs bonne et mauvaise conduite ; si les peuples se plaignaient d'eux ou non ; s'ils étaient accusés de prendre de l'argent ou de vexer les peuples par quelqu'autre voie ; quelle était leur influence sur les populations.

Les principales maisons de chaque province, les chefs de

_____

(2) M. A. Thierry dit en 1695.

chacune, leurs biens, leurs mœurs, leur conduite, — s'ils commettaient des violences sur les habitants de leurs terres, s'ils favorisaient ou empêchaient les procédures de la justice royale, — leur influence; s'il y en avait beaucoup qui eussent été à la guerre ou non.

Il leur était fait des questions multipliées sur les membres de la magistrature, leur conduite pendant les troubles de leur minorité, leur manière de rendre la justice. On demandait s'ils se faisaient vendre de force les biens et fonds de terre à leur convenance.

Pour les cours des aides et autres tribunaux exceptionnels, ils devaient donner les mêmes détails sur le personnel, dire si les magistrats se laissaient corrompre; chercher le remède aux maux que souffraient les peuples de la longueur des procès et de l'excès des épices;

Faire connaître le détail des revenus du Roi, domaines, fermes d'entrée et sorties, d'aides et de gabelles et autres droits, ainsi que de l'impôt de la taille. Il était recommandé aux intendants de veiller à ce que chaque impôt fût réparti proportionnellement à la force de chaque contribuable, et de vérifier les titres des exempts qui se multipliaient de manière à surcharger les peuples outre mesure. Il leur était enjoint de surveiller les octrois des villes qui, affermés par baux fictifs, servaient à couvrir une foule de dépenses irrégulières, et de discuter leurs dettes pour arriver aux moyens de les acquitter;

Faire connaître le caractère des habitants de la province et son agriculture, son industrie, son commerce, sa marine; visiter les rivières navigables et non navigables pour en faire améliorer le cours; rechercher les moyens d'établir des haras pour arriver à ne plus acheter des chevaux à l'étranger pour des sommes considérables, etc.

Ces instructions furent données en 1697, et les mémoires des intendants rédigés dans les années suivantes. Le duc de

Bourgogne aurait ainsi élevé un magnifique monument d'histoire, de statistique et d'administration, s'il eût été secondé; malheureusement il ne le fut pas, ou mal. — La plupart des mémoires ne répondirent qu'imparfaitement à la grande pensée qui avait provoqué leur rédaction. La plupart des questions posées dans les instructions restèrent sans réponses, ou les réponses incomplètes ne suivirent pas l'ordre qui avait été tracé de manière à former une sorte d'encyclopédie méthodique de la France, sur un plan uniforme

La collection manuscrite des Mémoires des intendants forme 42 volumes in-folio dont il existe plusieurs copies, conservées soit dans les bibliothèques publiques, soit dans les cabinets d'amateurs (1).

Le comte de Boulainvilliers (2) conçut la pensée d'utiliser ces documents en les faisant connaître au public. Il les réunit et les publia, non sans les avoir modifiés dans quelques parties, et sans les avoir fait précéder d'une préface un peu diffuse, dans laquelle il reproche avec acrimonie aux intendants des défauts dont je ne reproduirai pas ici la nomenclature injurieuse (3).

---

(1) M. A. Thierry en indique seulement 18 ou 20.

(2) Voir dans les Considérations sur l'histoire de France, de M. A. Thierry, une excellente appréciation des Travaux historiques de M. de Boulainvilliers; et voir aussi Mémoires de Saint-Simon.

(3) État de la France, dans lequel on voit tout ce qui regarde le gouvernement ecclésiastique, le militaire, la justice, les finances, le commerce, les manufactures, le nombre des habitants, et en général tout ce qui peut faire connaître à fond cette monarchie. — 1re. édition in-folio ; — 2e. édition, 6 vol. in-12, chez T. Wood, 1737.

Dans cette première édition , le Mémoire de l'intendant du Berry a éprouvé quelques modifications que je fais disparaître en publiant l'original que j'ai collationné avec soin. J'ai eu l'attention d'ajouter à la fin les additions ou changements de M. de Boulainvilliers, pour compléter cette seconde édition, ainsi que quelques notes sur les points qui ne doivent pas être traités dans un travail dont cette première publication est en quelque sorte l'introduction.

L'intendant du Berry , en 1697, était M. Dey de Séraucourt.

MÉMOIRE

DE LA

GÉNÉRALITÉ DE BOURGES,

PAR M. LOUIS-FRANÇOIS DEY,

SEIGNEUR DE SÉRAUCOURT,

Intendant des Finances, Justice et Police, Commissaire du Roi.

La province du Berry est dans le milieu du royaume, entre l'Orléanais, la Bourgogne, le Limousin, la Marche, le Poitou et la Touraine. Elle a l'Orléanais au nord, le Limousin et la Marche au midi, l'Auxerrois et le Nivernais au levant, le Poitou et la Touraine au couchant.

Tite-Live nous apprend que cette province était la plus considérable des Gaules du temps du vieux Tarquin, 4ᵉ roi de Rome, et la ville de Bourges qui en est la capitale est si ancienne, que son origine et le temps de sa fondation étant inconnus, on a eu recours à des fables.

Elle est dans la même considération du temps de Jules César; il en fit le siége qu'il décrit avec des particularités qui font reconnaître quelles étaient sa force et sa grandeur, et quoiqu'il l'ait presqu'entièrement ruinée, les Gaules ayant été réduites en province, elle ne laissa pas d'être toujours la capitale et le siège du gouverneur ou du président des Gaules.

Grégoire de Tours marque que du temps de l'empereur Décius, l'an de Jésus-Christ 252, Léocade, président dans la première Aquitaine, avait son palais à Bourges, où il faisait sa résidence.

Après le débris de la domination romaine dans l'Occident et que les Goths eurent été chassés de l'Aquitaine par Clovis et ses successeurs, cette province fut gouvernée par des comtes qui, dans la faiblesse des règnes suivants s'emparèrent de toute l'autorité.

Le premier comte dont on a mémoire se nommait Ollon, qui en 585 étant au service de Gontran, roi d'Orléans, tua Goudebault, qui se disait fils de Clotaire Iᵉʳ; on en trouve neuf de suite et sept vicomtes, dont le dernier fut Eudes Arpin, qui vendit sa vicomté au roi Philippe Iᵉʳ. l'an 1100.

Depuis ce temps-là le Berry est toujours demeuré uni à la couronne; il fut donné en apanage en 1360 par le roi Jean à Jean de France, son 3ᵉ. fils, qui fut appelé Duc de Berry.

Ce prince a rendu sa mémoire recommandable dans le Berry par l'affection qu'il a témoignée à cette province et par deux bâtimens magnifiques dont il a embelli la ville de Bourges : le premier est une Sainte-Chapelle qu'il a superbement bâtie et richement fondée, où il a choisi sa sépulture; et l'autre est un palais où il faisait sa résidence et qui sert à présent de logement aux gouverneurs de la province.

Le Berry étant retourné à la couronne à défaut d'hoirs mâles, fut donné en apanage en 1415 à Charles, 5ᵉ. fils du roi Charles VI, qui parvint depuis à la couronne sous le nom de Charles VII.

Les désordres de son temps causés par les factions des maisons d'Orléans et de Bourgogne dont les Anglais profitèrent au préjudice de la France sont assez connus; il suffit

pour le sujet que nous traitons de marquer qu'après la mort
du roi Charles VI en 1422, Charles VII, son fils, fut obligé
de soutenir par les armes son droit à la couronne et que
Paris et les principales villes de son royaume ayant pris le
parti du roi d'Angleterre, il fit quelque résidence dans la
ville de Bourges, ce qui donna lieu à ses ennemis de l'ap-
peler Roi de Bourges.

Il fut fidèlement et très utilement servi dans ces temps
difficiles par Philippe de Culan, maréchal de France, et
Raoul, sire de Gaucourt, grand-maître de France : ce que
nous remarquons, parce qu'ils ont laissé des descendants
qui font encore leur résidence dans cette province.

Le Duché de Berry fut donné une troisième fois en apanage en 1455 à Charles, fils puiné de Charles VII, qui le
remit au roi Louis XI, son frère, en échange du duché de
Normandie.

Le roi Louis XII ayant fait déclarer nul le mariage con-
tracté entre lui et la princesse Jeanne, fille du roi Louis XI,
il lui délaissa le duché de Berry pour en jouir sa vie durant
à titre d'usufruit.

Jeanne passa le reste de sa vie dans la ville de Bourges
dans une pratique continuelle de bonnes œuvres ; elle y in-
stitua l'ordre des filles de l'Annonciade, pour lesquelles
elle fonda et fit bâtir un monastère et une église qui subsis-
tent toujours ; elle y a été inhumée ; mais sa sépulture fut
violée en 1562 par les prétendus réformés qui s'étant em-
paré de la ville de Bourges firent brûler son corps, 42 ans
après son décès.

Ce duché fut encore donné en usufruit par le roi François 1er. à Marguerite, sa sœur, femme en premières noces
du duc d'Alençon, et en 2es. d'Henri, roi de Navarre ;
à Marguerite, duchesse de Savoie, quatrième fille de François 1er., et à Louise de Lorraine, reine de France, veuve
du roi Henri III ; et nous avons un prince à qui le roi en a

donné le nom, sous les auspices duquel toute la province s'est fait une joie de pouvoir continuer sa fidélité et redoubler ses services.

Le duché de Berry est de très petite étendue, n'étant composé que de six bailliages qui sont ceux de Bourges, d'Issoudun, de Mehun, de Vierzon, de Dun-le-Roi et de Concressault; mais le Berry, par rapport aux finances, c'est-à-dire la généralité de Bourges, qui est l'objet de ces mémoires, est beaucoup plus spacieuse ; elle est de 50 lieues d'étendue du levant au couchant, de 25 lieues du nord au midi ; en général, cette province est pauvre et peu peuplée, son territoire ingrat et mal cultivé, et presque tout le pays sans commerce; mais cela n'est pas sans exception, ainsi que nous le marquerons ci-après.

Cette province est coupée en deux portions presque égales par la rivière du Cher, qui prend sa source dans les montagnes d'Auvergne, passe dans le Berry à St-Amand, Châteauneuf, Vierzon et Selles, et va se rendre dans la Loire au-dessus de Tours.

Au levant elle a la rivière de la Loire, qui passe à La Charité, Pouilly et Sancerre, et au couchant la rivière de la Creuse, qui prend sa source dans la Marche, et qui, après avoir passé par Argenton, St-Gauthier et Le Blanc, s'en va par la Touraine se perdre dans la Vienne au port de Pille.

Outre ces trois rivières, il y en a quantité d'autres, mais si petites, que leurs noms ne sont presque point connus; elles sont néanmoins fort utiles à la province à cause des prairies qu'elles arrosent, qui servent à la nourriture des bestiaux qui font le principal commerce du pays.

Tout le pays est fort plat, sans aucunes montagnes que quelques collines aux environs de la rivière de la Loire, du côté de Sancerre, qui doivent passer plutôt pour des côteaux que pour des montagnes.

Les esprits y sont doux, assez bons, mais peu portés au travail. Cette nonchalance provient, à l'égard des paysans, de l'ingratitude du terroir qui n'excite point le laboureur au travail par l'espérance du lucre : et, à l'égard du bourgeois, du défaut du commerce.

Mais, pour entrer plus avant dans la connaissance du Berry, on peut le considérer, par rapport au gouvernement ecclésiastique, au gouvernement militaire, à la justice et aux finances.

État ecclésiastique.

La province de Berry est toute entière dans l'archevêché de Bourges ; le diocèse est même beaucoup plus grand, s'étendant bien loin dans l'Orléanais, le Bourbonnais, le Poitou et la Touraine.

L'archevêque prend la qualité de Primat, et porte la croix patriarchale. Il passe pour constant que cette église a été établie par saint Ursin, en l'an 252, et qu'elle a toujours été la principale et métropolitaine des Aquitaines.

Charlemagne obtint du pape Adrien le *pallium*, qui est la marque de juridiction métropolitaine, pour Ermembert, prélat de cette ville, en 786, et ce fut en ce temps-là que les prélats métropolitains commencèrent à prendre la qualité d'archevêque.

L'archevêque de Bourges avait, avant l'année 1675, onze suffragants, qui sont les évêques de Clermont, Limoges, du Puy, Tulle, Saint-Flour, Alby, Mende, Rodez, Vabres, Castres et Cahors.

Mais l'église d'Alby ayant été érigée en archevêché, elle fut distraite de la juridiction de l'archevêque de Bourges avec celles de Mende, Rodez, Vabres, Castres et Cahors, dont les évêques furent donnés pour suffragants à l'archevêque d'Alby.

Il fut pris en échange 15,000 liv. de rente sur le revenu de l'archevêché d'Alby, qui est un bénéfice très-riche, qui furent annexées à l'archevêché de Bourges par concordat du 7 mars 1675; et par ce moyen l'archevêché, qui n'était que de 12,000 l. de revenu, est augmenté jusqu'à 27,000 l.

Il y a, dans ce diocèse, trente abbayes d'hommes; deux dont les abbés sont électifs et triennaux, qui sont Chezal-Benoît et Saint-Sulpice.

Celle de Chezal-Benoît est la première de la congrégation du même nom unie à la congrégation de Saint-Maur.

Cette abbaye et les quatre autres de la même congrégation se sont toujours maintenues exemptes de la nomination du Roi, malgré les différentes attaques qui ont été faites contre ce privilége.

Celle de Saint-Sulpice, dans le faubourg de la ville de Bourges est de la même congrégation; il y a deux autres abbays unies,

Celle de Meaubec, à l'évêché de Québec, et celle de Selle-en-Berry, à la congrégation des Feuillants.

Il y en a deux autres qui ont été sécularisées en 1623, qui sont celles de Saint-Gildas et du Bourg-Dieu, et le revenu a été uni au duché de Châteauroux, en faveur de Henri, prince de Condé, 2e. du nom.

Monsieur le Prince, son petit-fils, en jouit et est patron laïc de tous les bénéfices dépendants de ces deux abbayes en qualité de duc de Châteauroux.

La bulle de Grégoire XV, qui ordonne la suppression de la régularité dans les deux abbayes, ordonne la fondation d'une église collégiale composée d'une dignité et de douze chanoines, à laquelle il sera assigné 6,000 l. de rente des-dites abbayes, et 4,000 l. pour la fondation d'un collége de Jésuites dans la ville de Châteauroux.

Le chapitre a été établi et fondé, mais la ville de Châteauroux s'étant trouvée trop petite pour un collége de jé—

suites, il a été fondé une école de théologie dans le collége des jésuites de Bourges, auquel les 4,000 liv. de rente ont été annexés.

Il y a une abbaye régulière dont l'abbé est à la nomination du Roi, qui est l'abbaye des Pierres.

Les 25 autres abbayes sont tenues en commende en la manière prescrite par le concordat. Les plus considérables par le revenu sont celles de Saint-Satur, ordre de Saint-Augustin, qui est de 8,000 liv. de rente, dont M. Cagne, ci-devant curé de Saint-Germain-en-Laye, est abbé;

C'est aujourd'hui le prince de Mandrochy, chanoine de Strasbourg.

Celle de Lorroy, ordre de saint Bernard, de 6,000 liv., qui est au même;

Celle de Massay, non réformée, ordre de saint Benoît, de 5,500 liv., à M. l'abbé de Mailly, aumônier du Roi;

Saint-Ciran, même ordre, de 5,000 liv. de rente, à M. l'abbé de Mouchy;

Celle de Saint-Genoux, non réformée, du même ordre, à M. l'abbé des Roches, de 5,000 liv. de revenu;

Celle de Fongombault, même ordre, non réformée, à M. l'évêque de Dôle, 5,000 liv. de rente,

Le Landais, ordre de Cîteaux, à M. l'évêque de Riez, de 5,500 liv. de rente;

Celle de la Prée, même ordre, à M. l'abbé Mollé, maître des requêtes, est de 2,000 liv. de rente;

Celle de Fontmorigny, du même ordre, à M. l'abbé Bou-lée, de 2,000 liv.;

Celle de Noirlac, ordre de saint Augustin, à M. Monroy, de 5,000 liv. de rente;

Celle de Varennes, à M. Canoguerat, de 1,000 liv.;

Celle de Chalivoy, même ordre de saint Augustin, à M. de Chantloup, de 2,000 liv.;

Celle d'Olivet, même ordre, à **M. Dailly**, de 2,700 liv. de rente;

Celle de Puyferrand, même ordre, à **M. Gossin**, 1,500 l.;

Celle de la Vernusse, même ordre, à **M. Boissard**, 3,000 l.;

Celle de Saint-Ambroise, même ordre, à **M. l'abbé de Fourcy**, 5,000 liv.;

Celle de Plainpied, même ordre, à **M. Delour**, 2,500 l. de rente;

Celle de Miseray, à **M. de Marcuille**, 1,500 liv.;

Celle d'Aubignac, même ordre de saint Augustin, à **M.....**, 900 liv.;

Celle de Vierzon, même ordre, à **M. Paren**, 1,500 liv.;

Celle d'Issoudun, même ordre, **M. Blet**, 2,000 liv. de rente.

Il y a cinq abbayes de filles: deux dans la ville de Bourges, qui sont:

Saint-Laurent, ordre de saint Benoit; et Buxières, ordre des Citeaux; et trois autres à la campagne, qui sont: Beauvoir, Saint-Menoux, et Charenton, toutes trois ordre de Citeaux.

Outre ces abbayes de filles, il y a quantité de maisons religieuses de l'un et de l'autre sexe dans le diocèse, et particulièrement dans la ville de Bourges où il y en a presque de tous les ordres, mais qui n'ont rien de particulier pour être mis dans ces Mémoires.

Il y a dans le diocèse 55 chapitres, dont le plus considérable est celui de l'église cathédrale de Bourges dédiée à saint Étienne.

Il est composé d'un doyen, d'un chantre, d'un chancelier, d'un grand archidiacre, d'un sous-chantre, 9 archidiacres, 47 chanoines, 96 vicaires et chapelains, et 20 archiprêtres.

Le doyenné, qui est la première et la plus considérable dignité, est de 1,800 liv. de revenu;

La chantrerie , de 800 liv.;

La chancellerie , de 1,500 liv.;

Le grand archidiaconé , de 200 liv.;

Les archidiaconés, d'environ 200 liv.;

Et les prébendes, de 7 à 800 liv.

Quant aux chapelains et archiprêtres, les revenus en sont inégaux ; le plus fort est de 500 liv. et le moindre de 20 liv.

L'église est entourée d'un cloître fermé où sont les maisons canoniales.

Le chapitre a toute justice dans ce cloître et sur tous ceux qui y demeurent, laquelle est exercée par leurs bailly, lieutenant et officiers.

Le chapitre de la Sainte-Chapelle tient le second rang.

Il a été fondé par Jean , duc de Berry, qui a choisi sa sépulture dans l'église qu'il y a bâtie avec une grande magnificence ; l'architecture en est gothique, mais elle est d'une grande beauté.

Cette Sainte-Chapelle fut bâtie en 1400; et le chapitre établi en même temps. Le clocher et la couverture ont été consumés par un incendie arrivé le 51 juillet 1693 ; les chanoines l'ont fait couvrir de tuiles en attendant un temps plus favorable pour le remettre dans un état plus décoré.

Il est composé d'un trésorier, de 12 chanoines, 15 chapelains et 13 vicaires.

La collation de ces bénéfices a été accordée au duc de Berry et à ses successeurs ; ainsi le Roi étant aujourd'hui aux droits du duc de Berry, elle appartient à présent à Sa Majesté à ce titre.

Le trésorier a toutes sortes de juridictions sur les chanoines, vicaires et chapelains de cette Sainte-Chapelle , et la juridiction épiscopale dans l'étendue de deux paroisses de ladite ville.

La trésorerie est de 4,000 liv. ; elle est tenue à présent

par M. de La Boulidière, ci-devant aumônier de la Reine, et à présent de Madame la duchesse de Bourgogne.

Les prébendes sont de 800 liv. de revenu, et les chapelenies et vicairies de 200 liv.

Les autres chapitres, tant dans la ville de Bourges que dans les autres de la province, sont peu considérables par leur revenu, et d'ailleurs n'ont rien qui mérite des remarques particulières.

Outre cela, il y a dans ce diocèse un nombre presque infini de prieurés, chapelles et hôpitaux, mais qui sont d'un revenu très-modique.

Le séminaire établi dans la ville de Bourges mérite qu'on en fasse honorable mention :

Il est régi par MM. de Saint-Sulpice, qui y instruisent et dirigent les jeunes ecclésiastiques qui prétendent aux ordres sacrés.

Le bâtiment qu'ils ont commencé sera d'une grande beauté, mais il est à craindre qu'il ne soit de long-temps dans sa perfection.

Il ne sera pas hors de propos de mettre l'Université avec les choses ecclésiastiques.

La théologie et les arts y sont enseignés par les pères jésuites, qui ont un collège dans la ville de Bourges d'autant plus considérable que c'est le seul de la Province.

Ils y ont été appelés en 1575 par un homme du pays nommé Jean Niquet, abbé de Saint-Gildas, qui leur fit des donations très considérables, et ce collège fut augmenté, en 1624, d'un revenu de 4,000 liv. par Henri de Bourbon, prince de Condé, comme nous avons dit, pour l'entretien d'une école de théologie et de 4 régents.

La Faculté de Droit a toujours été regardée comme une des plus célèbres du royaume. Les nommés Alciat, Rebuff et surtout M. Cujas, lui ont acquis une réputation qui est répandue par toute l'Europe, et qui y attirait en temps de paix des écoliers non seulement de toutes les provinces du royaume, mais encore de toutes les parties de l'Allemagne, d'Angleterre, de Suède et de Danemarck.

Il y a quatre professeurs qui partagent entre eux les émoluments provenant des degrés qui sont accordés aux écoliers, et par-dessus cette répartition qui va à 1,500 livres pour chacun ou environ, les deux anciens sont payés sur les deniers communs de la ville, le doyen de 800 liv. et l'autre de 500 liv. de pension.

Gouvernement militaire.

M. le comte d'Aubigné est le gouverneur de la province, et M. le comte de Gaucourt lieutenant-général.

Il y a deux charges de lieutenant de Roi, créées pour cette province par édit du mois de février 1692.

Il y en a une dont M. du Ranché est pourvu; l'autre n'a pas encore été levée.

Le Roi n'a aucune place forte dans le Berry.

Il y avait autrefois une espèce de citadelle dans la ville de Bourges qu'on appelait la Grosse-Tour.

Le Roi étant à Bourges en 1651, la croyant inutile pour son service, permit aux habitants de la démolir, ce qui fut promptement exécuté.

Cette forteresse, qui n'était qu'une grosse masse de pierres, avait été bâtie sous le règne de Philippe-Auguste ou de Louis-le-Jeune, son père, et avait servi de prison à plusieurs personnes de marque, et entr'autres à Louis, duc d'Orléans, qui parvint ensuite à la couronne sous le nom de Louis XII, qui y a été détenu pendant trois ans.

La maréchaussée est composée de deux compagnies, la générale et la provinciale.

La générale est commandée par un prévôt et un lieutedant à la résidence de Bourges; il a 20 archers dans sa compagnie.

Le prévôt provincial a deux lieutenants : un à Bourges et l'autre à la résidence d'Argenton, où il a 12 archers sous sa conduite ; toute la compagnie n'est que de 29 archers.

Justice.

Tout le Berry est du ressort du parlement de Paris.

L'office de grand-bailly de Berry est tenu par M. le comte d'Aubigné, gouverneur de la province.

Il y a six lieutenants-généraux qui exercent la juridiction royale et rendent justice en son nom dans six bailliages particuliers qui sont : Bourges, Issoudun, Mehun, Dun-le-Roi, Vierzon et Concressault.

Ces six bailliages ressortissent, au cas de l'édit, au présidial de Bourges, qui est le seul pour toute la province.

Le présidial a été établi en conséquence de l'édit du roi Henri II, du mois de mars 1551.

Il est composé d'un président qui a réuni les deux charges, d'un lieutenant-général, d'un lieutenant-criminel, d'un lieutenant conservateur des priviléges de l'Université, d'un lieutenant particulier, d'un assesseur criminel, de 25 conseillers, d'un procureur et de deux avocats du Roi.

Les offices des principaux officiers ne peuvent être qu'imperceptiblement appréciés, parce qu'ils sont dès le commencement de ce siècle dans les familles de ceux qui les exercent aujourd'hui et que le prix des offices de judicature a souffert bien des changements depuis ce temps-là.

Les deux offices de président sont estimés 20,000 liv. les deux ;

Celui de lieutenant-général, 50,000 liv.;

Celui de lieutenant criminel avec celui d'assesseur, qui y est joint, 50,000 liv.;

Celui de lieutenant conservateur, 25,000 liv.;

Celui de lieutenant particulier, 22,000 liv.;

Celui de procureur du roi, 40,000 liv.;

Et ceux d'avocats du roi, 8 à 9,000 liv.

Quant aux offices de conseillers, le dernier qui a vaqué n'a été vendu que 1,900 liv.

Il y a encore de ces offices vacans dans cette compagnie qui ont été achetés de 15 à 16,000 liv.

Les taxes fréquentes faites sur ces offices pour augmentations de gages, réunies aux offices nouvellement créés, étant la véritable cause de cette diminution, il y a apparence que la paix les fera revenir à leur juste valeur.

Outre le présidial et le bailliage, qui connaît de toutes les causes des nobles en première instance, et par appel de toutes les causes civiles jugées par les juges des seigneurs dans l'étendue de son bailliage, il y a encore plusieurs juridictions royales qui ont leur siége dans la ville de Bourges, qui sont :

La prévôté royale, dont la juridiction s'étend sur tous les habitants de la ville et septaine de Bourges, sauf l'appel au bailliage, et sur la police concurremment avec les maire et échevins.

Elle est exercée par un prévôt royal dont la charge vaut 20,000 liv.; un lieutenant et 4 conseillers dont les charges valent 2,000 liv.

La juridiction des eaux et forêts, qui connaît des délits dans les forêts du roi ;

Et la juridiction consulaire, qui connaît des affaires qui concernent le commerce.

Les maire et échevins y ont aussi leur juridiction particulière.

Ils connaissent de ce qui concerne la police, concurremment avec les officiers de la prévôté, et privativement de tous autres juges, des affaires qui touchent aux manufactures.

Ces charges municipales ont été de tout temps d'une très grande considération dans la ville de Bourges, parce qu'outre l'autorité qu'elles donnent sur les peuples, elles acquéraient autrefois la noblesse à ceux qui les avaient exercées.

Ce privilége avait été accordé en 1474 par Louis XI, qui y avait pris naissance.

Tous ceux qui sont parvenus au mairat et à l'échevinat depuis ce temps-là ont joui paisiblement de ce privilége ; mais il fut restreint en 1666 à la seule dignité de maire.

La charge de maire, qui était élective et triennale, est à présent perpétuelle en conséquence de l'édit de création des maires, du mois d'août 1692.

Le sieur Le Bègue, qui en est pourvu, a financé 55,000 liv. pour cet office.

Je ne dois pas omettre que l'exercice de la justice royale cesse tous les ans pendant sept jours dans la ville de Bourges, à commencer le 16 mai jusqu'au 23 du même mois, et qu'elle est exercée pendant ce temps-là par les officiers du chapitre de la Sainte-Chapelle appelés vulgairement les Bonnets-Verts.

Il est difficile de marquer l'origine de ce droit ; le chapitre de la Sainte-Chapelle prétend qu'il avait été accordé au chapitre de Saint-Oustrille par le roi Louis VII, et qu'il a été transféré avec d'autres droits de ce chapitre à la Ste-Chapelle, par Jean duc de Berry. Cela aurait besoin de preuves, mais la possession est constante depuis plus de 200 ans.

Outre les juridictions ordinaires, il y en a trois autres établies dans la ville de Bourges pour connaître des choses qui concernent les finances :

Le bureau des finances, l'élection et le grenier à sel.

Le bureau des finances connaît des défauts du domaine,

de la grande et de la petite voirie, reçoit les foi et hommages des terres non titrées, vérifie et arrête les états au vrai des receveurs des tailles.

Il est composé d'un président, de 23 trésoriers de France, d'un procureur et d'un avocat du Roi.

Ils prennent la qualité de trésoriers généraux de France en la province de Langue-d'Oui établie à Bourges, se souvenant toujours qu'en 1450, lorsque le royaume fut divisé en quatre généralités, de Touraine, de Languedoc, de Langue-d'Oui, d'Outre-Seine et de Normandie, celle de Langue-d'Oui fut établie à Bourges.

Ces offices sont considérables, non seulement par leurs fonctions, mais encore par leur rang qui est de particulier à particulier, immédiatement après le lieutenant-général, et par leurs gages qui sont de 2,180 liv.

L'élection connaît des affaires des tailles et des aides et autres droits du roi; elle est composée de 8 officiers; leurs charges étaient autrefois fort recherchées, mais les taxes et les nouvelles créations de charges ont tellement fatigué ces officiers, qu'elles sont à présent entièrement hors du commerce.

Le grenier à sel est établi pour faire la distribution du sel au peuple, et décider les contestations qui surviennent à l'occasion de cette distribution.

Il avait été uni a l'élection dont il a été séparé par édit du mois d'octobre 1694.

Nous parlerons plus amplement de ces officiers dans le chapitre qui traitera des finances.

Finances.

La province du Berry, par rapport aux finances, c'est-à-dire la généralité de Bourges, a bien plus d'étendue que le bailliage et le gouvernement.

Elle est composée de sept élections, qui sont : Bourges, Issoudun, Châteauroux, Le Blanc, La Châtre, St-Amand et La Charité.

Les élections de Bourges, Issoudun et La Châtre sont dans le Berry ; mais celle de Châteauroux s'étend en partie dans la Touraine et dans le pays Blaisois ;

Celle du Blanc est presque tout entière dans le Poitou, la Marche et le Limousin ; celle de Saint-Amand est tout entière dans le Bourbonnais ; et celle de La Charité, plus de la moitié dans le Nivernais, l'Auxerrois et le Gatinois.

Le revenu du Roi, dans ces sept élections, consiste dans le domaine, la taille, les gabelles, traites foraines, marque des fers, vente du tabac et marque des chapeaux, les aides, le papier timbré, les cartes et les deniers des revenus casuels.

Les domaines du Roi sont entièrement engagés dans toutes les 7 élections. M. le Prince tient par engagement ceux de Bourges, Issoudun, Vierzon et Dun-le-Roi, avec le droit de contrôle des exploits dans toute la généralité.

Celui de Mehun est engagé à M. le marquis de Rhodes, ci-devant grand-maître des cérémonies.

Celui de Concressault est tenu par M. le marquis de Biguy de la maison d'Augènes.

Celui de Châtillon-sur-Indre par M. Amelot, maître des requêtes.

Le Roi n'a en domaines, dans toute cette généralité, que quelques forêts dont les coupes produisent, pour chaque année, 4 à 5,000 liv.

Ces deniers sont reçus par un receveur-général du domaine, qui en rend compte à la chambre.

Les contestations sur le fait du domaine sont portées au bureau des finances et jugées par les trésoriers de France, c'est-à-dire lorsque la redevance au domaine est contestée, et c'est le seul cas où ils ont juridiction contentieuse ; mais lorsque la redevance est reconnue et que la poursuite n'est que pour le paiement, la connaissance en appartient aux juges ordinaires.

Les foi et hommage qui sont dus à cause des terres qui relèvent des domaines sont faits à la chambre des comptes, si les terres sont titrées, et au bureau des finances si elles ne le sont pas; mais en tous cas, les profits sont payés aux engagistes.

Tailles.

L'imposition des tailles, sur toute la généralité, est de la somme de 590,160 liv., savoir :

L'élection de Bourges.	173,728 l.
Celle d'Issoudun.	69,629
Celle de Châteauroux	80,920
Celle du Blanc.	101,400
Celle de La Châtre.	44,500
Celle de Saint-Amand.	53,910
Et celle de La Charité.	66,073
Total	590,160

L'ordre observé pour l'imposition de la taille est tel :

Au mois de juin le Roi a arrêté en son conseil des Finances le brevet de la taille, c'est-à-dire la somme qui doit être imposée sur les 18 généralités du royaume sujettes à la taille.

La répartition du total sur chaque généralité est pareillement arrêtée au conseil, dont il est envoyé un extrait signé d'un secrétaire d'état, à chaque intendant.

L'intendant qui a fait une tournée dans toutes les élections de sa généralité, lorsqu'il reçoit le brevet de la taille, donne son avis sur la répartition qui doit être faite sur chaque élection, qu'il adresse à l'intendant des finances qui a le département de la taille.

2

Il est envoyé un pareil extrait du brevet de la taille au bureau des finances qui députe un trésorier de France pour visiter toutes les élections, et, sur le rapport de cette visite, le bureau donne son avis sur la répartition de la somme générale sur chaque élection.

Ces avis sont communiqués au receveur-général des finances, qui donne le sien séparément, et sur ces trois avis, le conseil arrête ce qui doit être porté par chaque élection.

Le conseil s'arrête ordinairement à l'avis de l'intendant, et c'est sur celui-ci qu'on expédie les commissions de la taille. Les commissions des tailles sont expédiées en parchemin, signées par un secrétaire-d'état et scellées par M. le chancelier, préalablement signées en queue par l'intendant des finances qui a le département de la taille.

Il en est expédié une pour chaque élection dont l'adresse est faite à l'intendant, au bureau des finances et aux officiers de l'élection.

La commission de la taille marque la somme qui doit être imposée sur l'élection; la manière dont elle doit être imposée par l'intendant, les élus et les collecteurs, les termes dans lesquels elle doit être payée, et généralement tous les deniers et toutes les obligations des uns et des autres.

Les commissions des tailles sont envoyées à l'intendant qui les fait porter au bureau des finances pour être mis sur chacune l'attache des trésoriers de France et renvoyées à l'intendant trois jours après.

C'est en conséquence des commissions de la taille revêtues de toutes ces formalités, que l'intendant fait l'imposition sur toutes les paroisses, conjointement avec les officiers de l'élection. Le receveur-général des finances et les receveurs des tailles assistent à ce département, et l'avis de ces derniers n'est point à négliger. L'intendant procède comme dans les autres généralités.

Il n'est point d'usage dans cette généralité qu'un trésorier de France assiste au département de la taille.

Le département de la somme portée par la commission sur chaque paroisse est signé par l'intendant et par tous ceux qui assistent.

Il expédie ensuite ses mandements pour chaque paroisse, dans lesquels il marque ce que la paroisse doit payer, et c'est sur ces mandements que les collecteurs font leur rôle d'imposition sur chaque particulier.

Quant à la juridiction, toutes les contestations sur le fait de la taille sont portées en première instance par-devant les officiers des élections qui sont juges naturels et ordinaires dans cette partie, et par appel à la cour des aides de Paris, dans le ressort de laquelle toute la généralité de Bourges est comprise.

L'imposition de la taille n'a point été augmentée dans cette généralité, à l'occasion de la dernière guerre ; au contraire, elle a été considérablement diminuée en 1693 et 1694 : mais les autres impositions, qui ont été faites pour les affaires extraordinaires auxquelles les besoins de l'état ont obligé le conseil d'avoir recours, ont été si fortes (si j'ose le dire) et si peu proportionnées aux forces de cette province, que telle diligence que les traitants aient pu faire et quoiqu'ils aient mis en usage les poursuites les plus violentes, il est encore dû des sommes très-considérables pour des affaires qui devraient être finies il y a deux et trois ans.

Gabelles.

La gabelle est une troisième espèce de revenu du Roi dans la généralité de Bourges.

Tout le monde sait que c'est une ferme dont le produit consiste dans la distribution du sel, aux sujets du Roi, au prix qui est fixé par les réglements.

Ce produit, qui est fixé pour le Roi dans l'étendue de la ferme des gabelles, ne l'est point dans les provinces en particulier ; il augmente et diminue à proportion des ventes qui sont plus fortes en quelques années que dans les autres.

La régie de cette ferme se fait par les intéressés à la ferme des gabelles, qui ont un directeur pour toute la province, et dans chaque grenier un receveur et un contrôleur.

Il y a 12 greniers à sel dans la généralité de Bourges, savoir : Bourges, Issoudun, Buzançais, Argenton, La Châtre, Saint-Amand, Selles, Vierzon, Dun-le-Roi, Sancerre, La Charité et Villequiers, dans chacun desquels il y a un président, deux greneliers, deux contrôleurs, un procureur du Roi et un greffier.

Le grenier ferme à trois clefs, dont l'une est entre les mains du grenetier, la deuxième en celles du contrôleur, et la troisième en celles du commis à la recette.

La distribution se fait dans le grenier, par le commis de l'adjudicataire, en présence du grenetier et du contrôleur, aux jours et heures qui sont par eux réglés.

Il est tenu 4 registres : l'un par le grenetier, l'autre par le contrôleur, le 3e. par le greffier, et le 4e. par le commis, qui contiennent chacun la quantité de sel et à qui il a été distribué, et chacun de ces 4 registres sont arrêtés et signés par le grenetier, contrôleur, greffier et commis chaque jour de vente, sur le champ et dans le grenier, et c'est sur ces registres que le commis compte de sa recette.

Le prix était, en 1689, à 40 livres le minot, au grenier de Selles, et 41 livres dans ceux de Sancerre, Vierzon, Villequiers et La Charité; à 42 livres dans ceux de Bourges, Saint-Amand, Dun-le-Roi, Buzançais ; et 43 l. dans ceux d'Issoudun, La Châtre et Argenton; il est augmenté depuis de 4 liv. 13 s. 6 d. par minot.

De ces 12 greniers à sel il y en a 4 qui sont d'impôt:

celui d'Issoudun, de Buzançais, de La Châtre et d'Argenton.

Ces greniers ont été assujétis à l'impôt, parce que les paroisses qui les composent étant limitrophes du pays rédimé des gabelles, il serait difficile de les empêcher d'y acheter le sel nécessaire pour leur provision, s'il n'y était pourvu par la voie de l'impôt.

Ces quatre greniers portent savoir :

Celui d'Issoudun.	29 muids	6 sept.
Celui de Buzançais	25	1
Celui de La Châtre . . . . . , , . .	23	6
Celui d'Argenton	18	3
Total.	96 muids	4 sept.

Cette quantité de sel est arrêtée au conseil et mandée être imposée par une commission signée en commandement et scellée du grand sceau.

La commission porte la quantité de 110 muids 10 septiers 2 minots, mais ayant représenté à M. de Pontchartrain, en 1694, que les maladies qui couraient pour lors avaient emporté tant de gens que les collecteurs de l'impôt étaient chargés d'une grande quantité de sel qu'ils ne savaient à qui donner, il m'envoya un arrêt portant diminution de 14 muids 10 septiers 2 minots, savoir :

Le grenier d'Issoudun . .	4 muids	4 septiers	2 minots.
Sur celui de Buzançais . .	2	11	»
Sur celui de La Châtre. .	4	2	»
Et sur celui d'Argenton. .	3	1	»

Depuis cette année, la commission a été expédiée tous les ans pour la même quantité de 110 muids 10 septiers 2 minots; mais, sur pareilles remontrances, il m'a toujours envoyé un pareil arrêt de diminution.

Le département du sel se fait sur chaque paroisse, par l'intendant et les officiers du grenier à sel, en présence du

commis à la recette du grenier et sur les mandements ex-
pédiés pour chaque paroisse, et les collecteurs font la distribution du sel sur les particuliers.

La répartition doit être faite sur le pied d'un minot pour
14 personnes; mais le sel d'impôt ne doit être employé
qu'à l'usage du pot et de la salière, et les particuliers en
doivent prendre au grenier pour leurs grosses salaisons.

En 1690, la vente du sel, dans les greniers de cette généralité, fut de 303 muids 10 septiers 1 minot, qui produisit
la somme de 656,341 liv., et l'impôt fut de 110 muids 10
septiers 2 minots, qui produisit la somme de 225,334 liv.

En 1695 la vente ne monta qu'à 165 muids 4 septiers qui
produisit la somme de 356,500 liv.

Et l'impôt fut de 96 muids 4 septiers qui produisit la
somme de 212,704 liv.

Il est aisé de trouver des raisons de cette diminution dans
les désordres causés par la guerre, la disette des blés et la
mortalité arrivée en 1693 et 1694.

Les guerres ont enlevé bien des gens, mais la misère et
la disette des blés ont fait prendre la hardiesse à beaucoup
d'autres de débiter du faux sel dont il a été fait un verse-
ment très-considérable, dans ces années dernières, dans le
Berry.

Il est bon de remarquer que l'élection du Blanc étant
dans le pays rédimé des gabelles, le commerce du sel s'y
fait avec toute liberté, sans qu'il en revienne aucun profit aux fermiers; mais, comme la facilité du voisinage du
pays des gabelles est un appât qui pourrait engager les uns
et les autres à y faire passer du sel, pour prévenir cet abus,
le fermier est obligé de tenir des dépôts dans les villes qui
sont marquées par l'ordonnance des gabelles, où il est libre
à tous les sujets du Roi domiciliés en pays rédimé de faire
voiturer telle quantité de sel que bon leur semble sans au—

tre précaution que de prendre un billet des commis, pour être vendu publiquement tous les jours de marché.

Ces dépôts doivent être fermés à deux serrures, sous deux différentes clés, dont l'une est entre les mains d'un commis que les fermiers des gabelles tiennent dans chaque ville de dépôt, et l'autre entre celles d'un particulier nommé par les habitants à cet effet.

Il y a quatre dépôts dans cette élection, qui sont dans les villes d'Angle, du Blanc, Belâbre et St-Benoit-du-Sault.

Je dois encore ajouter que le profit qui se ferait sur le sel acheté dans le pays rédimé et revendu en pays de gabelles étant très-considérable, on a été obligé d'en défendre le commerce, qui est appelé faux-saunage, sous des peines très-rigoureuses. Elles sont : contre ceux qui font le commerce à pied et sans armes, à 200 liv. d'amende, et, en cas de récidive, aux galères pour 6 ans ; pour ceux qui le font avec chevaux, charrettes ou bateaux, de 390 liv. d'amende, et, en cas de récidive, les galères pour 9 ans ; et contre ceux qui le font attroupés avec armes, des galères pour 9 ans, et, en cas de récidive, la mort.

Les peines contre les femmes sont d'une amende de 100 liv. pour la première fois, du fouet et de 300 l. pour la 2e., et du bannissement à perpétuité en cas de récidive.

Il y en a toujours eu, mais beaucoup plus depuis 4 à 5 ans qui se sont exposés à la peine des galères pour continuer ce malheureux commerce.

Les mêmes fermiers régissent encore par commis la ferme des traites foraines qui consistent dans les droits qui se lèvent sur toutes les denrées et marchandises qui passent dans les pays réputés étrangers ou qui en viennent.

Pour la perception de ces droits, ils ont des bureaux à Châteauroux, à Argenton, sur la route du Limousin.

A Châteauroux on paye les droits des marchandises qui

sortent du royaume ; à Argenton, ceux des marchandises qui y entrent.

Ces droits sont exactement marqués par les tarifs des années 1664 et 1667. La peine contre ceux qui les fraudent est de la confiscation et de l'amende, et il y a des juges sur les lieux pour connaitre des contestations qui surviennent.

Le produit de ces droits, en 1690, fut de 57,000 liv.; en 1696 il n'alla qu'à 50,000 liv.

Aides.

Les aides, dans la signification qu'on leur donne à présent, consistent dans les droits qui se perçoivent sur les vins, bières, cidres et autres liqueurs.

Elles ont cours dans toute l'étendue de cette généralité, à l'exception de la ville de Bourges qui en est exempte.

Cette exemption a été accordée à cette ville par le roi Louis XI qui y a pris naissance, et a été confirmée par les rois ses successeurs et par le Roi à présent régnant.

Les droits sur le papier et parchemin timbrés sont réunis à cette ferme.

Elle est jointe avec celle du Bourbonnais et des élections de Bourganeuf et Châtellerault.

Mais les sept élections qui composent la généralité de Bourges sont dans cette ferme sur le pied de 300,000 liv.

Revenus casuels.

Les revenus casuels, qui consistent dans le paiement du prêt et droit annuel des officiers pour la conservation de leurs charges et des droits de finances à chaque mutation, n'est pas fixé, mais il peut être estimé 20,000 liv. par chacun an.

Ferme des Postes.

La ferme des postes est de 1,000 liv.

Décimes.

Les décimes ordinaires, sans compter les extraordinaires qui viennent tous les 6 ans, sont, dans le diocèse de Bourges, de 70,000 liv.

État des revenus du Roi dans la généralité de Bourges en 1690.

Domaine.	4,500 l.
Tailles.	590,100
Gabelles, traites foraines, marque de fer et des chapeaux, et vente du tabac.	973,465
Aides et formules	300,000
Revenus casuels.	20,000
Décimes ordinaires	70,000
Total.	1,958,425 l.

Outre et par-dessus ces sommes, qui sortent tous les ans de la province, en tout temps il y a eu pendant la guerre des impositions extraordinaires qui ont été très-fortes, mais dans l'énumération desquelles il est à présent inutile d'entrer.

Il suffira de marquer qu'il y a deux sortes d'impositions extraordinaires, qui sont ordinaires pendant le temps de guerre :

L'ustensile et le supplément de fourrage.

L'ustensile est une gratification que le Roi fait aux officiers de ses troupes pendant le temps de guerre, outre et par-dessus leur solde, pour leur donner moyen de faire leurs recrues d'hommes et de chevaux ou de mettre leurs troupes en état de rendre service.

Il a été imposé par chaque année, dans le département de Bourges, la somme de 196,352 liv. pour l'ustensile de la cavalerie, et pour celui de l'infanterie, celle de 63,000 livres.

Le fonds en est remis au trésorier de l'extraordinaire des guerres et distribué aux troupes suivant l'état arrêté par le Roi sur les ordonnances de l'intendant.

L'imposition par supplément de fourrage est différente, suivant la quantité de cavalerie qui est en quartier dans la province et suivant le prix des fourrages.

L'ordre pratiqué jusqu'en 1692, pour la police des quartiers d'hiver, était que les habitants des paroisses où les troupes étaient logées fournissaient les fourrages aux troupes de cavalerie, lesquels étaient remboursés par les trésoriers de l'extraordinaire des guerres, à raison de 5 s. la ration.

L'exécution de cet ordre était sujet à deux inconvénients: l'un que les habitants des paroisses étaient obligés d'avancer le fourrage suivant la répartition qui était faite sur eux, à quoi ne satisfaisant jamais régulièrement les officiers prenaient de là occasion de les taxer en les obligeant de convertir l'espèce en argent et en exigeant d'eux tout ce qu'ils en pouvaient tirer.

L'autre que les 5 sols ordonnés pour chaque ration ne suffisant pas, cette livraison était extrêmement à charge aux paroisses sur lesquelles elle était ordonnée.

Pour remédier à ces inconvénients et pour faire en sorte que cette charge fût portée également par tous les contribuables, le Roi ordonna en 1692 que les cavaliers qui auparavant étaient dispersés dans les paroisses, seraient rassemblés et les compagnies entières logées dans les petites villes ou gros bourgs, où les fourrages leur seraient fournis par un entrepreneur à qui cette fourniture serait adjugée par l'intendant, et que l'excédant des 5 sous fournis par le trésorier de l'extraordinaire des guerres serait imposé sur toute la généralité.

Les officiers, qui ne trouvaient pas de profit dans cette distribution, supportaient impatiemment celui que les entrepreneurs faisaient sur leurs marchés. Ils ont enfin obtenu

que le fonds des fourrages leur serait remis, et qu'ils seraient eux-mêmes chargés du soin de la nourriture de tous
leurs chevaux en achetant les fourrages comme les marchands.

On a pris soin, dans cette province, de leur faire payer
le prix des fourrages de dix en dix jours et par avance, et
comme ils y ont trouvé du profit, ils ont d'ailleurs pris soin
de contenir leurs troupes dans une exacte discipline.

Il est à observer que les troupes qui ont leur quartier
d'hiver dans le plat pays n'ont que 8 sous par place pour
l'ustensile, et qu'il leur en est retranché 4 en considération du profit qu'ils font sur les fourrages ; au lieu que les
autres troupes qui sont dans les villes de guerre, auxquelles on fournit le fourrage en espèce, sont payés de leur ustensile sur le pied de 12 sous par place.

Le Roi a quelquefois trouvé bon de mettre des régiments
entiers dans les grosses villes du royaume pour y vivre comme
en place de guerre. Il y en avait un dans la ville de Bourges,
en 1697, qui a été très-utile à cette ville. Le fourrage, le
bois et la chandelle ont été fournis par des entrepreneurs
payés par le trésorier de l'extraordinaire des guerres.

Les loyers des maisons ont été pareillement payés ; en
sorte que ce régiment n'a été en aucune manière à charge
aux habitants.

Un quartier d'hiver, à ces conditions, est très-avantageux
pour une ville, à cause de la consommation qu'il y fait, et
nous avons vu par expérience que c'est le moyen le plus sûr
de remettre de l'argent dans la province.

Il a facilité à la ville de Bourges le moyen de payer des
sommes très-considérables qu'on n'aurait tirées qu'avec
beaucoup de frais et beaucoup de temps.

Cela ne s'est pratiqué que lorsqu'il a été nécessaire de
faire passer en Flandres des régiments qui avaient servi
en Italie ou en Catalogne. Pour lors on les a arrêtés dans

le cœur du royaume pour y prendre leurs quartiersd'hiver ; mais nous n'avons point vu qu'on ait fait venir un régiment de Flandres dans le milieu du royaume , pour y être traité comme en pleine guerre.

Nous ne dirons rien des quartiers d'hiver de l'infanterie , parce qu'il n'y en a point eu dans cette province pendant cette dernière guerre, et que nous ne devons parler que de ce que nous avons vu par nous-mêmes.

Il paraît, par ce qui a été dit, qu'il sort tous les ans de cette province 2,229,377 liv.

Il faut pourtant examiner quelles sont les sources par lesquelles des sommes aussi considérables peuvent y rentrer , et c'est ce que nous allons faire en examinant en particulier la nature du terroir de chaque élection et le commerce qui s'y fait.

ÉLECTION DE BOURGES.

L'élection de Bourges a la rivière de Loire au levant, celle du Cher au couchant : elle est coupée par le milieu par la rivière d'Yèvre, qui se jette dans le Cher à Vierzon ; les terres qui sont aux environs de la rivière de Loire sont les meilleures et les mieux cultivées de toute la province. Le débit des denrées, facilité par la commodité de la rivière, en est la cause; cependant les meilleures ne rapportent pas plus de huit pour un, et l'on est obligé de les laisser reposer une année sur trois. Les médiocres rapportent cinq pour un, et les mauvaises, qui sont en bien plus grande quantité que toutes les autres, rapportent au plus quatre pour un.

Il se fait quelque petit commerce de blé sur la rivière de Loire , mais seulement par quelques fermiers et quelques laboureurs, sans qu'on ait vu personne prendre la qualité de marchand de blé.

Celui de vin y est plus considérable ; il en croît aux environs de Sancerre d'assez bonne qualité, quoique beaucoup inférieur à ceux de Champagne et de Bourgogne.

La facilité de le conduire à Paris, par la rivière de Loire et par le canal de Briare, en augmente le débit qui est très-utile à ce canton-là.

Les vignes y sont façonnées avec beaucoup de soin ; les paysans y travaillent avec beaucoup de diligence et d'industrie, et de temps en temps il paraît quelque petite fortune faite dans ce commerce.

Les environs de l'Yèvre, de la Sauldre, de la Vauvise et de la Nère, et de quantité d'autres petits ruisseaux qui ne sont point connus hors la province, font des prairies qui sont très-utiles et qui nourrissent une très-grande quantité de bestiaux qui sont le commerce le plus considérable du Berry.

Outre les gros bestiaux, qui après avoir travaillé à labourer la terre, sont engraissés et conduits à Paris, on nourrit dans cette élection une quantité prodigieuse de bêtes à laine.

Il n'y a point de particulier tant soit peu accommodé qui n'en remplisse les métairies, et lorsque le propriétaire manque de fonds pour en faire l'emplette, il se trouve toujours assez de bourgeois, même les principaux des meilleures villes, qui en donnent et achètent pour leur compte.

Ce commerce, qui est le plus utile qui se fasse dans la province, y est aussi plus usité ; c'est la manière la plus ordinaire d'y faire valoir son argent, et qui est à l'usage des ecclésiastiques, des gentilshommes, des bourgeois, et généralement de tous ceux qui ont quelque peu de fonds devant eux.

Le profit de ce commerce consiste dans la multiplication des espèces, dans le produit des laines et dans l'engrais des terres.

De la multiplication des espèces vient cette quantité pro-digieuse de moutons qui, étant engraissés, sont conduits aux foires depuis le mois de mai jusqu'au mois de septembre, et achetés par des marchands qui les conduisent à Paris.

Les laines servent aux manufactures; il y en a de deux espèces dans cette province : de draps et serges drapées, et de bas tant au métier qu'au tricot.

La première, qui est établie depuis très-long-temps dans le Berry, a été plus exercée dans les dernières années que jamais, parce que le Roi n'a jamais eu tant de troupes sur pied, et que les draps de Berry et les serges drapées qui s'y font servent à les habiller.

Elle occupe un très-grand nombre d'ouvriers, tant à préparer la laine qu'à l'employer, principalement dans la ville de Bourges et dans celle d'Aubigny.

Quant à la manufacture des bas, tous les marchands conviennent que les laines de Berry y sont non seulement plus propres que toutes les autres, mais même qu'elles sont plus propres à ces ouvrages qu'à toutes autres choses. — Il s'en fait de deux manières, au tricot et au métier.

Ceux au tricot sont faits par de pauvres femmes, filles et enfants, tant à la campagne que dans les faubourgs des villes, pour le compte des marchands, qui leur fournissent la laine préparée et qui leur donnent un prix convenu pour chaque paire de bas.

Depuis très-long-temps on n'en fait que des drapés qui sont à l'usage des soldats.

Les métiers à faire des bas de laine ont été long-temps défendus dans le royaume, parce que les bas s'y faisaient avec plus de diligence et plus de finesse. Il était à craindre qu'ils ne détruisissent absolument le tricot qui fait subsister quantité de pauvres gens et auquel tous les malheureux peuvent travailler sans peine et avec peu d'instruction : mais ils ont été tolérés, depuis 10 à 12 ans, avec beaucoup de raison, parce que les bas faits au métier étaient sans contredit beaucoup plus fins que ceux faits au tricot. Il n'est pas possible d'en empêcher l'usage, et si les marchands n'en pouvaient trouver en France, il est sûr qu'ils en feraient venir des pays étrangers, ce qui doit être évité avec tout le soin possible.

On peut conserver le tricot en limitant le nombre des métiers dans chaque généralité.

Outre les laines qui sont employées dans les manufactures, il s'en transporte une grande quantité dans les provinces voisines.

Il serait avantageux pour le Berry de faire cesser ce commerce en y employant toutes les laines qui y croissent ; mais soit que les étrangers les achètent à plus haut prix ou qu'il n'y ait pas d'ouvriers en nombre suffisant pour les employer, les réglements qui ont été faits là-dessus sont demeurés sans exécution.

Il se fait encore, dans cette élection, un commerce de chanvre fort considérable. Il y croît de très-bonne qualité et en si grande abondance, qu'on estime que le débit en est de 400,000 livres par an, et il y est si recherché, que dans les années les plus abondantes, tout y est enlevé avant le mois de février.

Il est étonnant que personne, jusqu'à présent, n'ait entrepris de faire façonner de la toile. Dans un pays où le chanvre croît en abondance et où les denrées sont ordinairement à vil prix, il semble que l'on pourrait avoir les ouvriers à bon marché. J'y ai excité les marchands qui m'ont paru les plus capables d'entreprises, en les convaincant d'un profit certain, sans les pouvoir persuader, parce que les fortunes y sont fort petites et que la moindre perte les ruinerait sans espérance de ressource.

Ils conviennent que les chanvres du Berry ne sont recherchés avec tant d'avidité que parce que ceux qui les emploient y font un profit très-considérable qu'il serait très-aisé de faire dans le pays ; mais les avances qu'il faudrait faire et les soins qu'il faudrait se donner pour mettre une telle entreprise en mouvement et pour s'assurer, leur font tant de peur que je n'ai pu y engager personne.

Le temps de paix est plus propre que les années dernières pour faire goûter les propositions, et s'il se trouvait quelqu'homme d'assez bon esprit pour pouvoir conduire cette entreprise, je prendrais la liberté de proposer à M. de Pontchartrain de lui faire prêter, des deniers du Roi, quelque somme sans intérêts pour deux ou trois ans, afin de l'encourager, et par quelques autres marques de protection, à faire cet établissement qui serait très-utile à cette province et propre à engager les habitants du pays dans les entreprises du commerce.

La ville de Bourges est la capitale non seulement de cette élection, mais aussi de tout le duché de Berry ; elle est située entre deux petites rivières, l'Yèvre et l'Auron, sur une petite colline qui descend en pente douce jusqu'au bord de ces deux rivières qui ferment son enceinte.

Nous avons parlé des principaux ornements de cette ville en parlant de l'église et de la Justice. Il reste à dire qu'elle est fort spacieuse, peu peuplée et presque sans autre commerce que celui qui est nécessaire pour la subsistance des habitants. On y compte 72 chefs de famille nobles et 450 officiers, et le nombre de tous les habitants, y compris les ecclésiastiques, gentilshommes, et ce qui compose le tiers-état, monte à 14,800 personnes.

Le nombre extraordinaire de gentilshommes, dans une ville de province si peu peuplée, vient du privilége de noblesse accordé par le roi Louis XI, dont nous avons parlé, pour tous ceux qui parviendraient au mairat et à l'échevinage.

C'est à ce privilége qu'on impute la négligence que les habitants ont témoignée depuis long-temps pour le commerce, et l'on trouve qu'avant qu'il fût accordé, le négoce fleurissait dans cette ville plus qu'ailleurs.

On en a l'exemple de Jacques Cœur, argentier du Roi Charles VII, qui avait amassé dans le négoce des richesses immenses.

La maison qu'il a fait bâtir dans la ville de Bourges, qui sert à présent d'hôtel-de-ville, marque assez la grandeur de sa fortune;

Elle est très-grande, bâtie très-solidement, et décorée de tous les ornements qui étaient en usage dans ce temps-là.

La ville d'Henrichemont ou Boisbelle porte titre de principauté; elle a été possédée long-temps par les seigneurs de l'ancienne maison de Sully, d'où elle est passée dans la maison d'Albret, par le mariage de Marie de Sully avec Charles d'Albret, connétable de France sous le règne du roi Charles VI, en 1400, et en 1597 dans la maison de Béthune, par l'acquisition de Maximilien de Béthune, duc de Sully.

Elle est exempte de toutes tailles, aides, et généralement de toutes sortes de droits;

Le sel y est vendu par les fermiers-généraux de la gabelle de France à 50 livres le minot, et seulement aux habitants de la principauté compris dans l'état fourni par les officiers; et pour la permission de l'y vendre ils donnent 14,000 livres par an à M. le duc de Sully.

Les princes d'Henrichemont jouissent de tous les droits de souveraineté; ils n'ont jamais fait foi et hommage ni aux rois ni aux ducs de Berry, donnent des lettres de grâce à leurs sujets, ont fait battre monnaie en leur nom, et font exercer la justice par leurs officiers qui jugent en dernier ressort, tant en matière civile qu'en matière criminelle.

3

Tous ces priviléges ont été confirmés par lettres patentes du roi Henri IV, du mois d'avril 1598; par le roi Louis XIII, au mois de septembre 1635, et par le roi glorieusement régnant, au mois de juillet 1664.

Maximilien de Béthune, duc de Sully, avait commencé quelques bâtiments sur le dessin d'une ville régulière en toutes ses parties; mais son crédit ayant diminué après la mort d'Henri IV, ses dessins ont été délaissés.

Cette ville est entre Bourges et Sancerre, dans un terrain fort stérile, ce qui fait qu'elle est peu peuplée, malgré les priviléges dont jouissent les habitants.

Le domaine, pour le seigneur, n'est que de 2,000 livres de rente.

Outre ces deux villes, il y a dans l'élection de Bourges 181 paroisses taillables, parmi lesquelles il y a quatre autres villes assez considérables.

La ville d'Aubigny, sur la rivière de Nère, à 10 lieues de Bourges, est un duché-pairie érigé en faveur de Mme. la duchesse de Portsmouth et M. son fils le duc de Richemont.

Cette terre a été donnée en apanage par le roi Philippe-le-Bel à Louis de France, chef de la maison d'Evreux; mais étant retournée à la couronne par défaut d'hoirs mâles, elle fut donnée par le roi Charles VII à Jean Stuart, connétable d'Ecosse, pour récompense de ses services.

La manufacture de draps occupe dans cette ville plus de 200 personnes.

Cette terre est de 7,000 livres de rente.

La ville de Sancerre est située sur une colline, à une portée de canon de la rivière de Loire, dans un pays tout couvert de vignes.

Elle porte le titre de comté; elle était dans la maison de Champagne du temps de la seconde race de nos rois.

Elle fut portée dans celle de Clermont en 1405, par le mariage de Marguerite, seule héritière de Jean, comte de

Sancerre, et passa ensuite dans la maison de Beuil, en 1436, par le mariage d'une autre Marguerite; en 1640, Henri de Bourbon, prince de Condé, s'en rendit adjudicataire par décret, et M. le Prince, son petit-fils, en jouit à présent.

Cette ville, qui se trouva fortifiée en 1572, servit de retraite à quantité de prétendus réformés qui s'y réfugièrent après le massacre de la St.-Barthélemy; le roi Charles IX en ordonna aussitôt le siége qui fut fait par le maréchal de La Châtre, gouverneur de la province.

Elle fut prise après huit mois de siége pendant lesquels les assiégés souffrirent tous les maux et tous les désordres qu'une cruelle famine peut causer. Jean de Léry, ministre de la R. P. R., qui y était, a fait une histoire de ce siége qui mérite d'être lue.

Les fortifications furent détruites, mais les prétendus réformés y restèrent, et depuis ce temps-là leur nombre a toujours augmenté, en sorte qu'ils se sont toujours trouvés supérieurs aux catholiques en nombre, en richesse et en considération.

Depuis la révocation de l'édit de Nantes, les plus échauffés sur la religion ont quitté le pays, quelques-uns pour aller à Paris où l'on vit avec plus de liberté et où ils trouvent plus de facilité pour célébrer leurs mariages, et quelques autres, mais en très-petit nombre, pour sortir du royaume.

Ceux qui restent ne s'acquittent d'aucuns devoirs de catholiques, mais d'ailleurs ne font aucunes assemblées et ne donnent aucunes prises sur leur conduite.

Cette terre est de 20,000 livres de rente, compris la baronie de Vailly; il y a 12 justices considérables qui ressortissent à son bailliage, deux cents fiefs considérables qui en relèvent et presqu'autant de petits fiefs de peu de revenu.

La ville de Mehun, quoique fort petite et fort pauvre, mé-

rite que l'on en fasse mention à cause du château que Charles VII y a fait bâtir et où il est décédé.

Ce château dont on voit encore des restes qui marquent
quelle était sa grandeur, a été ruiné par le feu du ciel, en
sorte qu'il n'y reste à présent que la chapelle et un escalier,
sans aucun logement.

Cette terre, après avoir été possédée long-temps par des
seigneurs particuliers, passa dans la maison de Courtenay
en 1275, par le mariage de Mlle. de Courtenay avec Robert
d'Artois, 2e. du nom ; elle fut réunie au domaine par confiscation faite sur Robert d'Artois, 3e. du nom, son petit-fils.

Ce fut ce prince qui, pour avoir perdu un procès par lequel il fut dépouillé du comté d'Artois, en conçut un si
grand ressentiment contre le roi Philippe de Valois, qu'il
passa en Angleterre où il porta le roi Edouard III à soutenir par les armes les prétentions qu'il avait sur la couronne
de France du chef de sa mère.

Tout le monde sait combien cette guerre a été funeste à
la France, et que ce prince étant descendu en Bretagne en
1343, mit le siége devant la ville de Vannes, qu'il prit, et
qu'il mourut des blessures qu'il y reçut.

La ville de Mehun est restée unie au domaine depuis ce
temps-là ; elle est à présent par engagement à M. le marquis
de Rodes, ci-devant grand-maître des cérémonies.

Elle est sur la rivière d'Yèvre, à quatre lieues de Bourges, environnée d'une prairie très-grande et très-agréable.

La ville de Vierzon, sur la même rivière qui joint à la rivière du Cher, était, il n'y a pas long-temps, une des plus
accommodées du Berry; les habitants y sont laborieux et industrieux et profitent de la commodité de la rivière du Cher,
qui est navigable en cette ville.

Il y a des marchands de bois, quantité d'ouvriers qui travaillent aux draps, aux serges de Berry, et des artisans de
toutes sortes d'arts.

Il y avait autrefois plusieurs cordonniers qui employaient 10 à 12 garçons chacun, et envoyaient leurs souliers à des marchands de Paris qui les vendaient à la halle; mais un incendie qui, en 1685, consuma 65 maisons, ce qui a ruiné la plupart de ces artisans, et les taxes et les impositions qui sont survenues depuis ce temps-là les ont empêchés de se rétablir et ont écarté la plus grande partie de leurs ouvriers.

Cette ville a été réunie au domaine par confiscation sur Guillaume, duc de Juliers, qui avait suivi Robert, comte d'Artois, dans sa rébellion contre Philippe de Valois.

Elle est tenue par engagement par M. le prince.

Il y a un bailliage royal dont l'étendue n'est que sur la ville et sur trois paroisses.

Près de cette ville, dans la paroisse de St.-Hilaire-de-Cours, il y a une ocrerie ou mine d'ocre; c'est une terre jaune, qui passe pour minérale, qui sert à fondre les métaux et qui est employée ordinairement aux peintures grossières.

Quoique cette mine soit d'un très-petit revenu, n'étant affermée que 200 l. par an, j'ai cru devoir en faire mention parce qu'il y en a très-peu dans le royaume.

Cette élection est composée de 181 paroisses taillables, dans lesquelles il y a 148 gentilshommes chefs de familles, 90 officiers exempts de tailles, et 16,578 feux contribuables aux tailles, qui composent en tout . . . 62,792 personnes.

La ville de Bourges est composée de. 14,800 habitants.

Total des habitants de cette élection. 77,592

ÉLECTION DE LA CHARITÉ.

Cette élection est coupée par la rivière de Loire.

Dans la partie qui est du côté du Berry et sur les bords de la rivière, le terroir y est semblable en tout: le vignoble de

Pouilly et de La Charité, de même qualité que celui de Sancerre, est aussi bien cultivé et le débit s'y fait de la même manière par le moyen de la rivière.

Le pays qui s'étend du côté du Nivernais est fort différent, peu cultivé et fort chargé de bois; il s'y débite par le moyen des forges qui y font quantité de fer qui est de très-bonne qualité.

Dans les premières années de la guerre, toutes ces forges étaient employées à faire des ancres et des boulets pour la marine. Il y avait un commissaire de la marine dans le pays qui donnait des modèles aux maîtres de forges et qui pressait sans cesse leurs ouvrages.

On a essayé depuis 10 à 12 ans d'y établir une manufacture d'acier dans la paroisse de Beaumont-la-Ferrière, mais elle n'a pas réussi; on y travaille à présent à faire du fer-blanc.

Les entrepreneurs ont fait venir d'Allemagne partie des ouvriers qui y travaillent, auxquels on a accordé des priviléges considérables. Le succès de cette entreprise est encore incertain.

La ville de La Charité est située sur la rivière de Loire, sur le penchant d'une colline qui s'élève sur le bord de la rivière.

Elle a un très-beau pont qui, à cause de la commodité des passages, a exposé cette ville à tous les désordres de la guerre pendant la Ligue.

Le prieur de La Charité en est seigneur temporel.

Le prieuré est célèbre par son revenu, qui est de 16,000 livres, et par ses collations; il est de l'ordre de Cluny, dans le diocèse d'Auxerre.

Il y a deux petites villes dans l'étendue de cette élection : Pouilly, sur la même rivière, environnée d'un vignoble dont nous avons parlé ;

Donzy, qui appartient à M. le duc de Nevers et qui fait partie de son duché.

L'élection de La Charité est composée de 69 paroisses taillables, dans lesquelles il y a 72 gentilshommes, 22 officiers et autres exempts de taille, et 6,610 feux contribuables, qui font en tout 25,290 personnes.

ÉLECTION D'ISSOUDUN.

Le terroir de cette élection est encore moins fertile que celui de l'élection de Bourges, et par conséquent moins cultivé et ce pays moins peuplé.

Il y a quelques vignobles aux environs d'Issoudun, de Chârost et de Reuilly, mais sans aucune réputation. Le vin qui s'y recueille se consomme aux environs sans qu'il en ait jamais été transporté au-delà de 10 à 12 lieues.

La rivière d'Arnon, qui coupe cette élection sur la longueur de plus de 20 lieues, est bordée d'une prairie très-abondante en foins qui servent à la nourriture d'une quantité prodigieuse de bestiaux; c'est le commerce le plus commun de toute la province; il est cultivé dans cette élection avec plus de soin que dans toutes les autres.

Outre les gros bestiaux, il y a une quantité prodigieuse de bêtes à laine dans cette élection; les gens de ce canton en entendent mieux le commerce que les autres, et se relèvent avec plus de courage dans les mortalités et les pertes qui leur arrivent. Ainsi l'on connaît certainement que toutes les familles qui ont du bien dans la ville d'Issoudun et les autres petites villes des environs, l'ont acquis dans le commerce des bêtes à laine, et principalement des brebis qui réussissent mieux dans ces cantons que partout ailleurs.

Outre les manufactures de draps, serges drapées et bas

au tricot , auxquels on travaille dans cette élection beaucoup mieux que dans celle de Bourges, il y a dans la
ville d'Issoudun une manufacture de chapeaux dont l'usage
est très-bon pour les cavaliers et soldats.

Le commerce des bois peut passer pour être particulier à
la ville d'Issoudun. Plusieurs marchands et autres habitants
ont fait des sociétés pour acheter tous le bois qu'ils ont
trouvé aux environs de la rivière du Cher ; ils le font façonner en merrain et jeter à bois perdu sur la rivière du Cher.
Ils prennent soin de le ramasser à Vierzon où la rivière du
Cher est navigable ; là on le met en trains pour être conduit
et débité dans les pays vignobles.

La ville d'Issoudun est la seconde du Berry et la première
de cette élection ; elle est franche de taille.

Elle est située sur la rivière de Théols qui est très-petite
et peu connue hors la province.

Les habitants y sont laborieux et industrieux , et les artisans fort sobres. Ils ont eu le bonheur , dans les derniers
troubles du royaume, de donner des marques de leur fidélité et de leur zèle pour le service du Roi.

Feu M. le duc de Saint-Aignan, qui commandait pour lors
en cette province, en rendit compte au Roi d'une manière
si avantageuse pour eux, que S. M. n'en a jamais perdu le
souvenir; elle leur en a marqué sa reconnaissance par des
grâces effectives en leur ôtant en diverses fois les logements
des gens de guerre qui leur avaient été donnés, et en les
exemptant de payer l'ustensile pendant toute la dernière
guerre. Je crois que c'est la seule ville du royaume qui ait
joui de ce privilége dans ces derniers temps.

Il y a dans cette ville un chapitre dans l'église collégiale
de Saint-Cyr, dont les prébendes ne sont que de 150 livres
de revenu.

Il y a un bailliage royal, prévôté, élection, grenier à sel
et siége des eaux-et-forêts.

Le nombre des habitants de cette ville est de 9,600 personnes entre lesquelles il y a 27 ecclésiastiques, 13 gentilshommes et 26 officiers.

Il y a dans l'étendue de cette élection quelques petites villes : la plus considérable par la dignité est celle de Chârost, duché-pairie qui est dans la maison de Béthune ; elle est de 7,000 livres de revenu.

Cette élection est composée de 105 paroisses taillables, dans lesquelles il y a 70 gentilshommes, 9 officiers exempts de tailles et 8,000 feux contribuables, qui font en tout la quantité de . . . . 33,166 personnes.

Et à Issoudun. 9,600

TOTAL. . . . . 42,766 personnes.

ÉLECTION DE SAINT-AMAND.

Le terroir de cette élection est à peu près pareil à celui d'Issoudun, mais beaucoup plus chargé de bois : on y fait le même commerce de bois sur la même rivière du Cher qui la traverse ; mais, soit que les habitants de ce canton, qui sont peu laborieux, manquent d'industrie ou de fonds, ils ne réussissent ni dans l'un ni dans l'autre comme à Issoudun.

Il y a un petit vignoble aux environs de Saint-Amand dont le vin est de très-petite qualité ; il faut le consommer sur les lieux où l'on y en recueille quelquefois en si grande quantité, que le poinçon y est aussi cher que le vin.

Cette abondance de vin contribue beaucoup à entretenir les habitants de ce canton dans la paresse qui leur est naturelle.

Cette élection est toute entière dans le gouvernement de Bourbonnais.

La ville de Saint-Amand est divisée en deux parties : la

ville, appartenant à M. le prince comme une dépendance de la terre d'Orval; et le Vieux-Château appartenant à M. de Montmorin. Près de cette ville est le château de Mont-Rond si connu par le siége qu'il soutint en 1652, contre l'armée du Roi, commandée par M. le comte de Palluau. Ce château de Mont-Rond a été bâti par les seigneurs de la maison d'Albret, sur le haut d'une montagne où l'on ne peut monter que par un seul sentier.

Henri de Bourbon, 2e. du nom, l'avait fortifié avec beaucoup de soin et muni de toutes les provisions de bouche et de guerre nécessaires pour soutenir un siége.

Ce château fut attaqué en 1651 par l'armée du Roi, commandée par M. le comte de Palluau, et se rendit le 7 septembre 1652, après un an de siége. Les fortifications furent détruites; mais le château subsiste assez entier, et l'on y voit encore partout les armes de la maison d'Albret écartelées de celles de France. L'année suivante, M. le comte de Palluau fut fait maréchal de France et aussi gouverneur du Berry, et prit le nom de Clairambault.

Cette élection est composée de 97 paroisses toutes taillables, dans lesquelles il y a 86 gentilshommes chefs de famille, 55 officiers et autres exempts de tailles, et 5,423 feux contribuables, qui font en tout 23,560 personnes.

ÉLECTION DE CHATEAUROUX.

Le fonds de cette élection est le plus stérile et le plus ingrat du royaume; il n'y a que les environs de la rivière d'Indre qui sont passables; tout le reste n'est que forêts, étangs et brandes, qui n'ont jamais été cultivées; les voyageurs y font quatre et cinq lieues sans y trouver de villages, et quand on en trouve quelqu'un, l'on trouve aux environs quelques arpents de terres labourées, et l'on se trouve aussitôt dans les brandes.

Les forêts se débitent par le moyen des forges. Il y en a cinq dans cette élection, dont la plus considérable est celle de Clavières, qui appartient à M. le Prince, dans la forêt de Châteauroux, qui est de 30,000 livres de revenu.

Le poisson, qui se tire de la grande quantité des étangs qui s'y trouvent, se débite dans le reste du Berry et dans la Touraine.

Les brandes servent à la nourriture des bestiaux dont on a fait un très-grand commerce comme dans le reste du Berry.

Cette élection est arrosée par la rivière d'Indre, qui prend sa source dans le Berry, vers Sainte-Sévère, et qui après avoir passé par La Châtre, Châteauroux, Buzançais, Châtillon-sur-Indre et Loches, va se perdre dans la rivière de Loire.

Il y a dans la ville de Châteauroux une manufacture de draps des plus considérables du royaume; elle occupe plus de 10,000 personnes de tous âges, des deux sexes, dans la ville et aux environs, qui travaillent à préparer, filer et employer la laine.

La guerre les a extraordinairement employés; tout ce qui s'y fabrique étant à l'usage des cavaliers et des soldats.

La ville de Châteauroux a été bâtie par Raoul, prince de Déols, qui lui a donné son nom.

Cette principauté, qui s'étendait sur la ville de Déols, Châteauroux, La Châtre, Ingrande, Argenton, St-Sévère, Levroux, Le Châtelet et plusieurs autres, passa en 1187 dans la maison de Chauvigny, par le mariage de Denise, héritière de cette maison, avec André de Chauvigny.

Elle y resta jusqu'à la mort d'un André de Chauvigny, mort sans enfants en 1502.

La maison de Maillé de La Tour-Landry et celle d'Aumont partagèrent cette riche succession, à l'exception des terres d'Argenton, Ingrande, Sainte-Sévère et Cluis-

Dessous, qui restèrent à Louise de Bourbon, sa veuve, par transaction passée avec eux.

Elle prit une seconde alliance avec Louis de Bourbon, prince de La Roche-sur-Yon, à qui elle porta ces terres avec le comté de Montpensier.

Feu Mademoiselle, héritière de cette maison, les avait encore lors de son décès, et Monsieur en a quelques-unes et a disposé de quelques autres

Henri de Bourbon, prince de Condé, deuxième du nom, réunit ce qui était tenu par la maison d'Aumont en 1612, par l'acquisition qu'il en fit, et peu de jours après, de ce qui était tenu par la maison de la Tour-Landry.

Châteauroux fut érigé en duché-pairie en sa faveur et de ses héritiers mâles et femelles, par lettres du mois de mai 1616;

Mais cette terre, si considérable par sa dignité et par ses mouvances, n'était que de 5,000 livres de rente : pour l'augmenter, M. le Prince obtint la sécularisation des abbayes du Bourg-Dieu et de Saint-Gildas, et l'union de ses revenus à son duché qui est à présent de 30,000 livres de rente sans compter les forêts ni les forges.

Il y a 168 fiefs qui relèvent du duché de Châteauroux, du nombre desquels sont les terres les plus considérables du pays, à 15 lieues aux environs.

Il y a un présidial dans cette élection qui a son siège dans la ville de Châtillon-sur-Indre ; le ressort du présidial est très-petit et la ville fort pauvre, ce qui fait que les charges y sont peu recherchées et la plus grande partie vacantes aux parties casuelles.

Celle de président et lieutenant-général est estimée 12,000 livres, et celles de conseiller sont à présent hors de commerce et n'ont jamais valu plus de 1,500 livres.

Cette élection est composée de 87 paroisses dans lesquelles il y a 168 gentilshommes, 58 exempts de tailles, et 8,604 feux contribuables, qui font en tout 43,240 personnes.

ÉLECTION DU BLANC.

Cette élection est dans un terroir aussi ingrat et à peu près de même nature que celui de Châteauroux. Il y a beaucoup de bois et de forges pour les exploiter, et une quantité d'étangs si prodigieuse, que dans la seule terre du Bouchet, appartenant à M. le duc de Mortemart, il y en a 500.

Il y a un vignoble aux environs de la ville du Blanc, dont le vin est d'assez bonne qualité.

Je ne dois pas omettre que, du côté du Limousin et de la Marche, il sort une quantité de maçons qui partent au commencement du mois de mars pour aller chercher de l'ouvrage aux environs de Paris et dans la Beauce; ils reviennent vers la fin de novembre et rapportent toujours quelqu'argent pour payer la taille et passer l'hiver.

La rivière de Creuse passe dans cette élection; elle n'y est point navigable, elle ne laisse pas d'y être fort utile pour le débit de quantité de bois qui sont aux environs, qu'on met en merrain et qu'on jette à bois perdu sur cette rivière et qu'on rassemble au port de Pille où cette rivière se jette dans la Vienne.

La ville du Blanc, siége de cette élection, est partagée en deux par la rivière de la Creuse. Il y avait autrefois un beau pont de pierre qui joignait ces deux villes, qui a été emporté par la violence des eaux.

Cette élection est composée de 95 paroisses dans lesquelles il y a 144 gentilshommes, 72 exempts de taille et 10,538 feux contribuables, qui font en tout 52,780 personnes.

ÉLECTION DE LA CHATRE.

Le terroir est excellent dans toute l'étendue de cette élection; aussi est-il mieux cultivé que les autres dont nous avons parlé.

Il y a un petit vignoble aux environs de la ville d'Argenton, sur la rivière de Creuse, dont le vin se débite fort bien du côté de la Marche.

Elle est arrosée par deux rivières, l'Indre et la Creuse, dont nous avons parlé dans les deux dernières élections.

La ville de La Châtre faisait autrefois partie de la principauté de Déols et appartient aujourd'hui à M. le Prince, a moyen de l'acquisition qui fut faite, comme nous avons dit, en 1612, par Henri de Bourbon, de la partie de cette principauté qui était tombée dans les maisons d'Aumont et de La Tour-Landry.

La châtellenie d'Argenton faisait aussi partie de cette principauté. Après la mort de Chauvigny, dernier du nom, elle entra à sa veuve, dont elle est passée à feu Mlle. de Montpensier, et d'elle à Monsieur, qui l'a vendue à M. l'abbé d'Epernon.

Il ne se fait point d'autre commerce dans cette élection que celui de bestiaux qui y réussit parfaitement bien.

Cette élection est composée de 81 paroisses, dans lesquelles il y a 106 gentilshommes, 350 officiers exempts de tailles et 6,693 feux, qui font 26,204 personnes.

RÉCAPITULATION SUR LESDITES ÉLECTIONS.

ÉLECTIONS.	NOMBRE des PAROISSES.	GENTILS-HOMMES.	EXEMPTS de TAILLES.	FEUX.	PERSONNES
Bourges, compris la ville.	199	220	90	19.596	77,592
La Charité.	69	72	22	6,610	23,220
Issoudun.	105	83	9	9,401	42,766
Saint-Amand. . . .	97	66	55	5,523	23,360
Châteauroux. . . .	87	169	58	8,605	43,250
Le Blanc.	93	113	72	10,335	52,780
La Châtre.	81	106	35	6,693	26,204
Totaux.	731	879	341	66,475	291,232

Nous n'avons pas grand'chose à dire sur la R. P. R. après ce que nous avons dit en parlant de Sancerre.

Lors de la révocation de l'édit de Nantes, il y avait envi. ron 5,000 religionaires dans la province : il y en avait 2,200 à Sancerre, deux prêches, deux ministres et un consistoire qui faisait la loi à tous les autres de cette religion dans la province; il y en avait 7 à 800 dans le village d'Asnières, qui est à une demi-lieue de Bourges, tous vignerons, qui étaient plus entêtés que les autres. — Calvin avait lui-même débité ses erreurs dans ce village, dans le temps qu'il étudiait le droit à Bourges, et leur avait inspiré une opiniâtreté qui a passé jusqu'à leurs petits nevou.., il y en avait 250 environ à Issoudun, et le reste à Saint-Amand, Argenton, Sainte-Sévère, et du côté du Blanc et de Valençay.

Il y avait 60 gentilshommes de cette religion, parmi lesquels il y en avait deux fort accrédités, M. le baron de Blet, qui est décédé, et M. de Jaucourt, qui vit encore. Le premier fit abjuration avec peine, mais il se gouverna fort sagement depuis son changement; l'autre, qui vit encore, reçoit de temps en temps des gratifications du Roi, soit pour mettre ses filles religieuses, soit pour soutenir ses autres enfants dans le service; il se gouverne avec sagesse.

Je ne sais que deux gentilshommes P. R. qui aient quitté le royaume: M. de Loubes de La Gatevine et M. Darambure; le premier par complaisance pour sa femme qui était fort entêtée, et l'autre par égarement d'esprit plus que par motif de religion. Le premier est d'une noblesse ancienne du pays, et sa mère s'appelait Deponts; l'autre était petit-fils de M. Darambure, premier valet de chambre du roi Henri IV, qui avait laissé du bien à sa famille : ils sont tous deux en Angleterre et leurs biens partagés entre leurs héritiers. Il n'y en a pas un seul parmi les nouveaux convertis qui s'acquittent du devoir de catholique, mais ils s'observent avec soin et ne donnent aucunes prises sur leur conduite.

Quoique les terres soient d'un revenu fort médiocre dans cette province, nous voyons cependant que les plus grands seigneurs du royaume y en possèdent. Monsieur y a pour 10,000 livres de rente des terres de la succession de feu Mlle. de Montpensier : *Sainte-Sévère*, *Aigurande*, *Cluis-Dessous* et autres.

Il a vendu celle d'Argenton à M. l'abbé d'Épernon.

M. le Prince a le duché de Châteauroux, le comté de Sancerre, les terres de Bannières, le Châtelet, St.-Florent et autres ;

Le duc de Beauvilliers, la châtellenie des Aix-d'Angillon et plusieurs paroisses des environs, de 10,000 livres de rente ;

M. le duc de Sully, la principauté d'Henrichemont, qui est de 16,000 livres de rente et les terres de La Chapelle et de Saint-Gondon ;

M. le duc de La Trimouille, la vicomté de Broces, de 7,000 livres de revenu ;

M. de Mortemart, la terre du Bouchet, le marquisat de Mézières, qui sont de 12,000 livres de rente, et les forges de Courbançon ;

M. le duc de Chârost, la terre de Chârost, de 7,000 liv. de rente ;

Mme. la duchesse de Portsmouth, le duché d'Aubigny, de 7,000 livres de rente ;

Mme. la maréchale de Noailles, les terres de Boucard et de Jars, de 8,000 livres de rente ;

Mme. la maréchale de Rochefort, Le Blanc, Rochefort, et la baronnie de Cors, de 15,000 livres de rente ;

M. le maréchal d'Estrées, Saint-Lactancin, de 5,000 l. de rente ;

MM. de Seignelay, les marquisats de Lignières et de Châteauneuf, de 24,000 livres de rente :

Mme. Le Tellier, la Chancellière, Culan, Baugy et Villequiers, de 50,000 livres de rente ;

M. le marquis de Torcy, lieutenant de chevau-légers de la garde du Roi, La Maisonfort, Genouilly et Dampierre, de 8,000 livres de rente ;

Le comte de Fiesque, la terre de Levroux, de 5,000 liv. de rente ;

M. le marquis de Nangis, les terres de Meillant et de Mareuil, de 20,000 livres, avec les forges ;

Mme. la marquise de Castelnau, le marquisat de ce nom, de 6,000 liv. de rente. Cette terre est saisie réellement ;

M. le marquis de Rhodes, Bridiers, Menetou et autres, 50,000 livres de rente ;

M. le marquis de La Châtre, Reuilly et Nançay, 12,000 livres de rente ;

Mme. la marquise de Béthune, Selles-en-Berry, de 16,000 livres de rente ;

M. de Saint-Gelais, Le Coudray et La Loue, de 10,000 livres de rente ;

M. le marquis de Nohan, Châteauvilain, Saint-Aoust, Bourdeuil et autres, de 50,000 livres de rente ;

M. le comte de Chalus, lieutenant-général du Bourbonnais, Cérilly et autres, de 6,000 livres de rente ;

M. le comte de Franconville, vice-roi en Amérique, les terres de Paluau et l'Extranges, de 10,000 livres de rente ;

M. de Brichanteau, Bannegon, de 6,000 livres de rente ;

M. le marquis d'Aligre, Audes, Saint-Désiré et autres, de 4,000 livres de rente ;

M. le marquis de Valençay, colonel de dragons, la terre de Valençay, de 10,000 livres de rente ;

M. le comte de Chauvigny, petit-fils de M. de Chauvigny, ministre-d'état, le comté de Buzançais, de 7,000 livres de revenu ;

M. de Montmorin, la moitié de la ville de Saint-Amand, dite le Château, de 5,000 livres de rente;

M. le marquis de Pougny, de la maison d'Augence, la terre de Blancafort, de 7,000 liv. de rente;

M. le marquis d'Hérault, Caramaille et Vicq, de 6,000 l. de rente.

Dans une si grande quantité de terres possédées par de grands seigneurs, il n'y a que trois châteaux qui méritent qu'il en soit fait mention.

Celui de Selles-en-Berry, à Mme. la marquise de Béthune, sur le bord de la rivière du Cher, dans le plus beau pays du monde, bâti par Philippe de Béthune, comte de Selles avec beaucoup de magnificence;

Celui de Valençay, à M. le comte de Valença_, sur la rivière de Nahon, bâti sur un dessin donné par Philibert Delorme, architecte fameux sous le règne de François Ier. Ce bâtiment, quoiqu'imparfait, n'y en ayant que moitié d'achevé, suffit pour faire une des plus belles maisons de France;

Lignières, à M. de Seignelay, est un gros château bâti par feu M. de Nouveau, très-vaste et très-logeable, mais bâti avec plus de dépense que de goût.

Outre ces seigneurs, qui ne demeurent point dans la province, il y a des maisons très-illustres et très-distinguées par les charges que leurs ancêtres ont eues à la cour et dans les armées.

M. le comte de Gaucourt, lieutenant-général pour le Roi dans le Berry, y a toujours fait sa résidence.

En 1406, Eustache de Gaucourt, sieur de Viey, était grand-fauconnier; Raoul de Gaucourt, grand-maître de France et gouverneur de Dauphiné, neveu de cet Eustache, est celui qui a le plus illustré cette maison.

L'histoire de Charles VII fait mention des longs et importants services qu'il a rendus pendant son règne, et entr'autres à la bataille d'Antes en 1429, où il défit le prince d'Orange, qui était venu attaquer le Dauphiné avec les troupes du duc de Savoie et du duc de Bourgogne ;

Charles de Gaucourt, son fils, fut gouverneur de Paris et de Picardie sous le règne de Louis XI; leurs descendants n'ont point eu, depuis ce temps-là, des emplois si éclatants.

M. de Gaucourt a servi en qualité de capitaine de cavalerie; mais ayant été réformé en 1679, il s'est retiré chez lui.

Il a acheté la charge de lieutenant-général de cette province, en 1685, et cet emploi l'a détourné du service dans cette dernière guerre.

Il a épousé Gabrielle de la Beaume, fille du marquis de Saint-Martin-en-Franche-Comté, dont il a des enfants; il a au plus 12,000 liv. de rente, et c'est peu pour un si grand nom.

M. de Culan, baron de Brécy, fait aussi sa résidence dans cette province. La maison de Culan tire son origine de la baronie de Culan, qui a été possédée long-temps par cette maison, et est à présent à Mme. Le Tellier, veuve de M. le chancelier Le Tellier; elle a donné, sous le règne de Charles VII, un amiral de France, un maréchal de France et un grand-maître de France.

Louis de Culan, baron de Brécy, seul de cette maison, a servi quelque temps dans l'armée, et a peu de biens.

Il y a dans cette province deux branches de la maison de La Châtre : M. de La Châtre-Brillebaut, chef de la première, et M. de La Châtre-Duplaix de l'autre. Cette maison a donné des maréchaux de France et un colonel-général des Suisses.

Il y a une famille du même nom dans la ville d'Issoudun, fort ancienne, qui porte les mêmes armes, et qui n'a jamais prétendu à la noblesse.

Il y en a de marchands, un élu, et celui qui a poussé plus loin sa fortune est trésorier de France à Bourges. Il y a apparence qu'ils viennent d'un bâtard.

Il y a deux gentilshommes du nom de Montmorency, l'un seigneur de Châteaubrenin, capitaine de cavalerie, et l'autre, seigneur de Neuvy-Pailloux; leur aïeul a soutenu un grand procès contre M. de Montmorency, qui lui disputait son état dans lequel il a été maintenu par arrêt du parlement de Toulouse où l'affaire était renvoyée.

Il y a quantité d'autres gentilshommes fort qualifiés et d'une noblesse très-ancienne, dont la plupart sont dans le service:

MM. de Gamaches, capitaines de cavalerie; leur bisaïeul, gouverneur d'Issoudun, commandait les troupes du Roi dans la province, dans les désordres de la Ligue;

Ils disent qu'il a été nommé par Henri IV pour être honoré du collier de l'ordre du Saint-Esprit, mais qu'il mourut avant sa promotion;

M. le marquis de Guerches, colonel d'infanterie;

M. de Bart, capitaine d'infanterie:

M. de Chevenon de Bigny, qui a deux fils dans le service;

M. de La Motte-Chauvron;

M. Duligondais, capitaine de cavalerie;

M. de La Roche-Aymond de Boisbertrand: trois frères dans le service;

M. de La Lande de Fonteny, capitaine de cavalerie;

M. Depréaux de Murat, capitaine d'infanterie;

M. de Chamborand, de La Clavières;

M. de Laporte-d'Yssertieux;

M. de Menou-Dumée;

M. Le Groin de Traynat;

M. le baron de Saint-Julien;

M. le baron de Boussac-St.-Paul, capitaine de cavalerie;

M. de Fromenteaux de Betoulat, capitaine de cavalerie,

du même nom que feu M. de La Vauguyon, chevalier de l'ordre du Saint-Esprit ;

M. de Jussac ;

M. de Magnac ;

M. de Saint-Quentin, baron de Blet ;

M. Turpin, comte de Vihers, qui demeure à Beauché, qui était dans la maison de Cravan, dont il a épousé une héritière ;

· M. de Rolland ;

Mlle de Contremoret de Marcilly, maison très-ancienne dans laquelle il ne reste plus que des filles ;

M. de Châteautiers, ci-devant capitaine aux gardes, qui a épousé Mlle de La Chapelle, héritière de M. de La Chapelle, tué colonel du régiment de cavalerie de Bourbon, de la maison Tiercelin.

Il reste à dire quelque chose de la dépense qui se fait dans cette province pour le rétablissement des grands-chemins.

Elle était, pendant la paix, de 24,000 livres pour chaque année ; mais la guerre ayant diverti les fonds ailleurs, elle n'a été, depuis l'année 1688, que de 4 à 5,000 livres, dont la somme de 3,350 l. est destinée pour l'entretien des chemins qui sont déjà faits ; l'ordre qui s'observe pour rendre cette dépense utile est tel :

L'intendant envoie à M. le contrôleur-général, dans le mois de novembre, un mémoire des ouvrages qu'il croit nécessaires, dont il marque le prix à-peu-près. M. le contrôleur-général choisit ceux qu'il estime plus utiles pour le public, et les comprend dans l'état des ponts-et-chaussées, qui est arrêté par le Roi au mois d'avril ensuivant.

L'intendant qui a connaissance de ceux qui sont choisis, par l'extrait de l'état qui lui est envoyé, fait faire les publications, procède ensuite à l'adjudication de ces ouvrages, au rabais, au jour marqué, en public, et accompagné du trésorier de France commis par le Roi à cet effet.

Si l'intendant propose quelque ouvrage dont la dépense doit être plus forte que le fonds qui est fait ordinairement, il prend soin de proposer en même temps de faire l'imposition du tout, et départie sur les paroisses à qui cet ouvrage doit être le plus utile, et c'est de cette manière qu'on a rétabli le pont de Selles en Berry, celui de Chârost, celui de Saint-Denis dans le faubourg d'Issoudun, et celui d'Argenton, auquel on travaille actuellement.

Les entrepreneurs sont payés au fur et à mesure de leur travail, par le trésorier des ponts-et-chaussées, sur les ordonnances de l'intendant et du trésorier de France commis, et de parfait paiement après la réception de l'ouvrage.

L'intendant est aidé par deux ingénieurs du Roi qui ont leur département dans cette province, qui font les dessins des ouvrages considérables, et dressent les devis, et de temps en temps en visitent les travaux.

L'on a un dessin pour la jonction de la rivière de la Loire avec celle qui passe à Bourges, qui semble très-utile au public et pouvoir s'exécuter avec une dépense modique ; mais comme elle ne peut être faite que la province n'y contribue pour la meilleure partie, il faut que la paix ait fait goûter ses fruits avant que d'en faire la proposition.

NOTES.

Le rapprochement du Mémoire adressé aux intendants et de celui qui fut dressé par M. de Séraucourt, a dû suffire pour montrer combien ce dernier travail est incomplet. Malheureusement il en fut de même pour toutes les provinces.

Les cartes ne furent pas dressées.

M. de Séraucourt ne fait connaître ni les archidiaconats ni les archiprévérés, ni le nom des paroisses, enfin aucune des divisions ecclésiastiques;

Il ne donne aucun des détails demandés sur l'archevêque, sur son crédit, sa réputation, ses relations avec le chapitre. — Rien sur les abbayes, ni sur les abbés, si ce n'est le revenu de ceux-ci;

Il omet complètement les couvents d'ordres mendiants non fondés, — ne dit pas combien l'église avait de paroisses dans ses juridictions, soit temporelle, soit spirituelle.

Le mémoire est également muet sur ce qui concerne le gouvernement militaire et la justice. — Toutes les questions de détail, si curieuses sur le personnel des gens de justice, sur leur administration, sont restées sans réponse; en un mot, il a omis tout ce qui pourrait le compromettre avec les individus ou avec les corps, et a gardé un silence prudent sur tout ce qui tenait à la politique, d'autant plus que la province de Berry avait été une des plus agitées par les troubles de la minorité.

On comprend facilement que, refaire aujourd'hui ce Mémoire, serait un travail presqu'impossible; tant de détails échapperaient aux plus patientes investigations.

J'ai cependant voulu compléter quelques points par trop négligés. De plus, éditeur consciencieux, j'ai relevé avec soin les additions de mon prédécesseur et les ai mises en note ci-après, en indiquant par l'initiale (B) tout ce qui appartient au comte de Boulainvilliers.

Le travail ordonné par le duc de Bourgogne passa d'abord assez inaperçu. Cependant quelques auteurs du 18ᵐᵉ. siècle l'ont eu sous les yeux. Parmi eux, le marquis de Mirabeau a relevé un passage des *Instructions* qu'il a jugé sévèrement. Les réflexions de M. de Mirabeau sont remarquables parce qu'elles portent sur un point d'économie politique trop négligé, et que le fait qu'il signale était précisément une des plaies du Berry et une des causes de son état de marasme. Dans la première partie de son *Ami des Hommes*, ou *Traité de la Population*, chapitre VI, — De la nécessité et des moyens d'encourager l'agriculture, — il dit qu'on a inspiré une grande *platitude* (c'est son expression) à un très-grand et très-excellent prince, en lui faisant demander aux intendants, au sujet des nobles, *s'ils cultivent leurs terres par leurs mains ou s'ils les donnent à leurs fermiers, étant une des plus essentielles marques de leur humeur portée à la guerre ou à demeurer dans leurs maisons.* Outre l'inconvenance qu'il trouve à exercer une sorte d'inquisition tyrannique sur la noblesse, il croit qu'au lieu de faire regarder au Prince avec mépris celui qui se tient chez soi, on devrait le lui présenter sous un point de vue opposé. — Un philosophe, ajoute-t-il, dirait que celui qui nourrit les hommes fait mieux que celui qui les tue; — mais il ne veut être que calculateur, et croit qu'avec des troupes soldées le métier de la guerre convient mieux à celui qui n'a pas de terre qu'à celui qui, pour courir en Allemagne, laisse en friche un canton du Languedoc; et que le frère, le fils du cultivateur, qui sont d'aussi bonne race que lui, n'ont affaire qu'à la guerre; — qu'avec l'obligation de servir imposée à chaque citoyen, l'état tirera bien plus de parti du propriétaire-cultivateur endurci aux fatigues de la campagne que de celui qui vit au milieu des plaisirs des villes. Il termine en rappelant que les anciens disaient: *Optima stercoratio gressus domini*, et demande ce qu'il faut penser d'un gouvernement dont l'effet serait d'attirer chacun hors de chez soi.

Il faut répondre que ce gouvernement ferait ce qu'a fait Louis XIV, qu'il ruinerait les provinces en en retirant tout l'argent pour l'engouffrer dans quelque capitale en dépenses inutiles.

Je dois faire remarquer encore que non seulement l'intendant n'a donné que des renseignements fort incomplets sur les manufactures de draps, mais qu'en outre il n'a fait que nommer quelques établissements métallurgiques, et ne parle pas du tout des haras; cependant cette dernière question était bien importante, et le Berry avait eu, au commencement du siècle, des succès en ce genre qui devaient obtenir plus d'attention.

puisque Henri IV, voulant envoyer un présent royal à la reine Élisabeth, lui écrivait : « Je vous envoie de jolis chevaux de mes haras de Berry. »

Il m'a été impossible de trouver dans les papiers de l'intendance aucunes traces du travail du commissaire départi pour la *réformation des forêts*; j'ai le regret de croire ce curieux travail complètement perdu; — il en est de même pour les gabelles.

Je le répète, je n'ai pas entrepris ici de refaire le **Mémoire** de l'intendant; une grande partie des lacunes qui s'y trouvent sont déjà comblées, pour les lecteurs de cet Annuaire, par les Notices imprimées les années précédentes; il ne me restera plus qu'à réparer quelques omissions :

Ainsi, la description du sol a été faite par MM. Fabre, de Bengy-Puyvallée et C. Auclerc;

La statistique des fleuves, rivières et ruisseaux du département, par M. Michel, chef de bureau à la Préfecture;

Les principaux documents historiques ont été publiés sous la direction de M. L. Raynal.

Quelques-uns des grands hommes, nés dans la province, ont trouvé un digne et consciencieux biographe dans M. Chevalier de Saint-Amand.

L'industrie métallurgique, la plus importante du département du Cher, a été décrite par un jeune maître de forges qui a appris, dans une savante école, à mûrir promptement l'expérience à l'aide d'habiles théories.

Il y a donc là de nombreux éléments d'une bonne statistique, auxquels le lecteur pourra avoir recours.

État ecclésiastique.

Il faudrait un volume pour donner la statistique religieuse que demandait l'*Instruction*; travail facile alors et aujourd'hui hérissé de mille difficultés, impossible même tant qu'on n'aura pas un pouillé bien fait du diocèse (1). Tout ce qui est personnel à l'archevêque nous échappe aujourd'hui dans les deux derniers siècles. Ce siège important était toujours donné à des prélats

(1) Un érudit, M. Hermès de La Cour, l'a refait presqu'entièrement avec le soin le plus scrupuleux. Son travail est destiné à l'Annuaire de 1845.

des grandes familles de la cour. M. Léon Potier de Gesvres, depuis cardinal, l'occupait en 1697.

L'archevêque ne conférait pas les bénéfices de son chapitre; c'étaient deux puissances qui marchaient côte à côte, et qui trouvaient dans leurs points de contact de nombreuses occasions de différends, qui étaient tranchés plus souvent par la justice que par la voie plus conciliante des transactions.

Quant à l'évaluation de 12,000 livres pour le revenu de l'archevêché, je la crois trop minime, me fondant sur ce qu'en 1510 le chapitre, dans un procès avec l'archevêque, portait cette estimation à la même somme de 12,000 l. (1) dont il réclamait 3,000, que Louis XII avait décidé devoir en être détachées pour aider à la reconstruction de la tour septentrionale de la cathédrale. A la vérité l'archevêque Michel de Bussy ne portait ce revenu qu'à 8.000 livres.

Abbayes de Saint-Gildas et du Bourg-Dieu. — Toutes deux de l'ordre de saint Benoît, et de la fondation des anciens princes ou seigneurs de Déols. Il est aisé de reconnaître, dans le nom du patron de la province de ces abbayes, les traces de la dévotion des Bretons qui s'établirent à Déols sous la conduite de Riottime, au temps du roi Chilpéric, père de Clovis. Quoique l'histoire parle plutôt de la défaite qu'ils y souffrirent que d'autre chose, il y a quelquefois lieu de croire que les Bretons qui échappèrent à l'épée des Visigoths s'arrêtèrent au même lieu et y firent une espèce de colonie, avec d'autant plus de facilité que le pays manquait d'habitants. (B.)

Abbaye de Saint-Satur. — Elle a été bâtie au-dessous de la colline de Sancerre, en 1032, par une dame du lieu nommée Mahault. (B.)

Abbaye de Loroy. — Fondée en 1128, dans la souveraineté de Boisbelle. (B.)

Abbaye de Massay (*Massiasense Cœnobium*) est une ancienne abbaye dont la chronique a beaucoup d'autorité dans l'histoire, surtout pour les règnes de Charles-Martel et de ses enfants. (B.)

---

(1) Le marquis Ducrest prétend qu'une terre qui rapportait 1,000 livres sous Louis XII en rapportait 22,000 en 1708. (Mémoire sur l'administration des finances, 1785, in-8°.) Je crois qu'il a exagéré; en tout cas, ici, il faudrait encore tenir compte de la différence en moins de près d'un siècle, et en outre d'une foule de revenus qui ne prenaient pas d'accroissement progressif.

Saint-Cyran, en Brenne. — On en attribue la fondation au roi Dagobert, en 619. (B.)

Saint-Genoux-de-l'Estrée. — Fondée en 828 par Robert, maire du palais de Pépin, roi d'Aquitaine, et Ade, sa femme, fille de Wifrée, comte de Bourges, dans le voisinage de Buzançais. (B.)

Fontgombault, près Le Blanc, en Berry, a été fondée en 1,090 par Pierre des Etoiles. (B.)

La Prée, fondée par André de Chauvigny. (B.)

Fontmorigny, fondée en 1148, à 3 lieues de La Charité.(B).

Noirlac, ordre de Citeaux, fondée en 1136 par Ebbon de Savigny, près de Saint-Amand. (B).

Varennes, entre Mentton et Valençay. — Elle doit sa fondation à Guy de Chauvigny, en 1148. (B.)

Olivet, fondée en 1144. (B.)

Il est remarquable que, comme ce grand nombre d'abbayes de l'ordre de Citeaux est le fruit du zèle de l'archevêque saint Guillaume, religieux du même ordre, lequel pensa plutôt à multiplier les maisons qu'à leur procurer de grandes richesses, il était si persuadé de l'utilité de toutes les pratiques de son ordre, qu'il en fit recevoir le chant dans son diocèse. (B.)

Puyferrand, ordre de saint Benoit, fondée en 1145 (B).

La Vernuce, ordre de saint Augustin, fondée avant 1145.

Plainpied, du même ordre, fondée en 1032, à deux lieues de Bourges, par l'archevêque Richard, qui y est inhumé. (B.)

L'église de Plainpied, romane, est une des plus intéressantes du département. Le tombeau de l'archevêque Richard avait été renversé; sa statue couchée a été recueillie par les soins du conservateur du Musée de Bourges. Le monument a été décrit par M. Pr. Mérimée.

Mizeray, fondée à deux lieues de Châtillon-sur-Indre, en 1118, par cinq gentilshommes dont les surnoms ne sont pas connus. (B.)

Aubignac, dans la Marche, près d'Argenton.

Vierzon fut premièrement fondée en 865, par l'archevêque Raoul, dont la fondation a depuis été augmentée par Hervé, seigneur du lieu: on y a depuis uni le monastère de Deure, qui était de la fondation de Charlemagne. (B.)

Issoudun, fondée avant l'année 984. Cette abbaye est bâtie dans le château d'Issoudun ; on y voit le tombeau de Marie de Luxembourg, reine de France. (B.)

Abbayes de filles. — Saint-Laurent, de la congrégation de Chezal-Benoît, à laquelle le monastère de Saint-Hippolyte a été uni par le pape Eugène III, et l'on assure que sa première abbesse fut Euphrasie, fille de Charlemagne ; et Buxières, ordre de Citeaux, premièrement fondée à la campagne en 1159 et depuis transférée à Bourges. (B.)

Beauvoir, près de Mehun, de la fondation des seigneurs de cette ville, de la maison de Courtenay, en 1337. (B.)

Saint-Menoux et *Charenton*. — Ces deux sont proprement dans le Bourbonnais ; la dernière a plus de mille ans d'antiquité. (B.)

J'ai retrouvé un état des couvents de femmes de la ville de Bourges en 1705, date assez rapprochée de celle du Mémoire, pour le compléter. — A cette époque, il existait dans cette ville les couvents de :

Saint-Laurent : revenu déclaré, 5,800 livres ; 60 religieuses de chœur, 9 converses ;

Sainte-Claire. — Revenu, 1,851 livres ; 35 religieuses, 8 converses ;

L'Annonciade. — Revenu, 6,358 livres ; 47 religieuses, 8 converses ;

La Visitation. — Revenu, 4,263 livres ; 35 religieuses, 1 novice, 2 tourières ;

Ursulines. — Revenu, 6,409 livres ; 60 religieuses, 12 converses, 2 tourières ;

Carmélites. — Revenu, 3,137 livres : 30 religieuses ;

La Congrégation. — Revenu, 4,846 livres ; 57 religieuses, 5 converses, 4 novices, une tourière.

Il y avait en outre des couvents d'hommes, des carmes, des augustins, des jacobins et des cordeliers.

Université.

L'université de Bourges avait été fondée en 1463 par Louis XI. — Les premières lettres sont datées de Mareuil, près Abbeville, décembre 1463 ; — la bulle du pape Paul II est de 1464, la veille des ides de décembre. Elle fut obtenue par Pierre Fradet, doyen de l'église de Bourges, qui mourut à Rome, dit Catherinot, en faisant cette poursuite. La volonté de Louis XI finit par triompher de la résistance des universités de Paris et d'Orléans, et de celle du Parlement, et l'installation eut lieu le 9 mars 1466, dans le couvent des Jacobins ; le 19 avril 1529 fut inauguré le nouvel édifice consacré aux grandes écoles.

Les plus célèbres professeurs de la Faculté de droit furent :

Alciat (André), né à Milan, le 12 mai 1492, mort à Pavie en 1550. Il avait débuté à l'université d'Avignon, et fut appelé à Bourges le 19 avril 1529 ;

Le Duaren (François), né à Saint-Brieuc vers 1519, mort à Bourges en 1559 ;

Baudouin (François), né à Arras en 1530, mort en 1573 ;

Doneau (Hugues), né à Châlons en 1527, mort à Altorf en 1591 :

Enfin Jacques Cujas, appelé à Bourges par Michel de l'Hospital, président du conseil de la duchesse de Berry, Marguerite. Ce grand homme mourut à Bourges, l'an 1590. — Il est enterré dans l'église de Saint-Pierre-le-Guillard, où sa tombe reste sans honneurs, sans qu'une pierre la révèle à l'étranger.

L'université se composait de docteurs en droit civil, docteurs en droit canon, lecteur des institutes, lecteur en lettres grecques, docteurs en théologie, au nombre de six, docteurs en médecine, maitres ès-arts ; d'un chancelier, un conservateur apostolique, un conservateur des priviléges royaux, un avocat, un procureur, un bédeau-général, quatre bédeaux pour les quatre nations.

Les quatre nations étaient : France, Bourgogne, Aquitaine et Bretagne. Il y avait en outre la nation allemande, qui était très-nombreuse.

L'université de Bourges ne fut détruite qu'en 1789. (Voir *De l'enseignement du droit dans l'ancienne université de Bourges*, morceau très-remarquable prononcé pour la rentrée de la cour royale de la même ville, le 4 novembre 1839, par M. L. Raynal, avocat-général ; — fragment détaché de l'Histoire de la province de Berry, qui sera prochainement imprimée.

GOUVERNEMENT MILITAIRE.

Gouverneur de la province, M. le comte d'Aubigné, frère de Madame de Maintenon ; sa médiocrité empêcha de le faire maréchal de France ; mais il fut nommé lieutenant-général et pourvu du gouvernement du Berry.

La correspondance de sa sœur le fait connaitre sous un jour peu favorable. Elle était continuellement occupée à calmer sa fièvre d'ambition, à lui faire comparer sa nouvelle prospérité avec sa misère passée. — Il ne songea à utiliser sa faveur que pour lui, sans l'employer à améliorer le sort de la province dont il avait le gouvernement ; aussi n'y a-t-il laissé aucune trace de son passage.

L'état militaire de la France en 1739 porte, pour le Berry, un gouverneur et lieutenant-général, grand-bailly (alors le prince de Chalais), ayant une compagnie de 30 gardes à cheval, capitaine, lieutenant et cornette ;

Lieutenant-général, M. le comte de Gaucourt ;

Lieutenants de Roi, M. le comte des Barres, M. de Rancher de Tremenont ;

Lieutenants des maréchaux de France, M. de Laage, à Vierzon ; M. Faure d'Alouy, à Châteauneuf et à La Châtre ; M. Scarron de Diort, à Issoudun.

Gouvernements.

Ville et tour de Bourges. — Le gouverneur de la province.

Issoudun. — Le gouverneur de la province ; M. de Latude, lieutenant de Roi ; M. Heurtault de Baigneux, major.

Graçay et Vierzon. — M. Heurtault, chevalier de Mérolles, gouverneur.

L'État de la France, par les Bénédictins, 1749, donne ces dignités militaires avec quelques modifications. — Ainsi :

Le lieutenant-général est aussi qualifié sénéchal ;

Les lieutenants de Roi sont, l'un pour le Haut, l'autre pour le Bas-Berry.

Je complète ici, autant qu'il m'a été possible, l'état militaire de la province, que l'auteur du Mémoire a complètement négligé. — Il y avait un commissaire provincial, ordonnateur et ordinaire des guerres, pour la conduite, police et discipline des troupes (création de Louis XIII en 1635) ; il demeurait à Bourges ; un trésorier provincial et particulier de l'extraordinaire des guerres par commission des trésoriers généraux ; il résidait à Bourges.

Louis XIV avait créé en 1690, pour le duc de Berry, une compagnie de gendarmes de sa maison et de son nom (la 13e.) Le capitaine-lieutenant avait rang de mestre-de-camp ; l'enseigne, rang de lieutenant-colonel, et ainsi de suite : elle se composait de 8 officiers et 40 gendarmes ; son étendard était de soie bleue avec un lion arrêté montrant sa face en plein, et ces mots pour devise : *Vestigia magna sequetur* ; au revers le chiffre de la compagnie brodé et frangé d'or.

Il avait été créé en même temps une compagnie de chevau-légers de Berry pour le même prince. Elle était composée comme celle des gendarmes ; son étendard de soie bleue portait un aigle seul volant, et ces mots pour devise : *Quò non feret incita virtus* ; au revers, le chiffre de la compagnie.

Le 70e. régiment d'infanterie de l'armée, dans le 17e. et le 18e. siècle, portait le nom de Berry ; il avait été créé sous ce nom par Louis XIV en 1684. L'uniforme était : habit gris blanc, parements rouges, boutons de cuivre, doubles poches en long, et chapeau bordé d'or. Il était composé d'un bataillon, de 40 officiers et 510 soldats, sergents et tambours, avec trois drapeaux, dont un blanc colonel, et deux d'ordonnance, violet et isabelle et croix blanches.

Dans un état manuscrit des uniformes français, que je possède, le régiment de Berry est porté le soixante-et-onzième.

Le 19me. régiment de cavalerie légère portait aussi le nom de Berry depuis 1690. L'uniforme était : habit et manteau bleu de roi, doublure, parements et revers rouges, boutons d'étain en bossette, buffle, bandoulière blanche piquée, culotte de peau, chapeau bordé d'argent fin, l'équipage bleu bordé ; six étendards de soie bleue, soleil d'or au milieu, les armes du Berry, et fleurs de lys aux coins, brodées et frangées d'or.

Ces régiments et compagnies n'avaient de la province que le nom ; ni les officiers ni les soldats ne lui appartenaient exclusivement.

La milice de la généralité était composée de deux bataillons de 300 hommes chacun, ayant deux capitaines-commandants, deux capitaines en second et vingt-six officiers. L'ordonnance du 20 novembre 1736 et celle du 23 février 1767 réglèrent le nombre des milices pour la France à cent bataillons sur pied, assemblés aux mois d'avril et de mai.

Grosse tour de Bourges. — Voir, pour l'histoire de la grosse tour de Bourges, l'Annuaire de 1842 ; — Mémoire historique sur le Berry et particulièrement sur quelques châteaux du département du Cher, par M. P.-J. de Bengy-Puyvallée, etc.; et, pour sa description, La Thaumassière, Histoire de Berry.

Ce fut après la bataille de Saint-Aubin-du-Cormier que le duc d'Orléans, battu et fait prisonnier, fut enfermé dans cette forteresse, en 1488. Charles VIII lui rendit la liberté en 1491. — (Voir La Thaumassière, Histoire du Berry, page 100.)

Boulainvilliers ajoute qu'en 1651 Louis XIV, à son voyage à Bourges, permit aux habitants de démolir la grosse tour, ce qui fut promptement exécuté pour profiter des matériaux : — et, aurait-il dû ajouter, pour se débarrasser de la forteresse qui dominait la ville. — (Voir les auteurs déjà cités.)

— M. de Boulainvilliers ajoute encore ici que le gouverneur-

Pagination incorrecte — date incorrecte

NF Z 43-120-12

général doit avoir sous lui deux lieutenants de Roi dont les charges ont été créées par édit du Roi, en 1692; mais qu'il n'y en a qu'une de levée pour M. de Rancher; que l'autre est vacante.

Maréchaussée. — La maréchaussée se composait, en 1789,

D'un prévôt général;

D'un lieutenant à Bourges, d'un sous-lieutenant à Bourges, un à Aubigny;

De deux brigades à Bourges, — une aux Aix, — à Vierzon, — Aubigny, — Villequiers, — Sancerre, — Sancoins, — Allogny;

D'un sous-lieutenant à Saint-Amand;

D'une brigade à St.-Amand, — à Châteauneuf, — à Dun-le-Roi, — à Culan;

D'un lieutenant à Châteauroux, — un à Issoudun;

D'un sous-lieutenant à Châtillon, — un à Issoudun;

D'une brigade à Châteauroux, — à Argenton, — Buzançais, — Le Blanc, — Châtillon, — Saint-Benoist, — Valençay, — Issoudun, — La Châtre, — Donzy, — La Charité, — Boussac.

L'indemnité de logement était payée par la province sur le pied de : pour le prévôt, 500 liv.; pour le lieutenant, 250 l.; pour le sous-lieutenant, 150 l.; pour le maréchal-des-logis, 70 l.; pour le brigadier, 60 l.; pour le cavalier, 50 liv.

(Archives de l'assemblée provinciale du Berry. — Registres de comptabilité.)

L'Etat de la France en 1739 porte la compagnie de maréchaussée de la généralité de Berry à 95 cavaliers divisés en 17 brigades : Bourges, Vierzon, Neuvy, Le Blanc, Argenton, Aubigny, Sancerre, La Charité, Châteauneuf, La Châtre, Saint-Benoît-du-Sault, Saint-Amand, Sancoins, Villequiers, Châtillon-sur-Indre, Châteauroux, Issoudun.

Noblesse des Maires de Bourges.

Je n'ai point à m'occuper de ce privilège de la ville de Bourges sous le rapport historique, mais seulement sous le rapport économique.

Si Louis XI avait voulu porter une atteinte au prestige de la noblesse en l'éparpillant, ses lettres-patentes de 1494 servaient merveilleusement sa politique; mais en même temps il a fait le plus funeste présent à sa ville natale. Je ne le jugerai pas ici au point de vue des idées libérales de notre temps si peu favorables aux privilèges; mais déjà, sous l'ancien régime, il paraissait aux gens désintéressés abusif et très-préjudiciable à la province. — On le regardait en grande partie comme la source de la mollesse et de l'inertie qui régnaient dans le Berry ; comme le principe le plus destructif de toute espèce de commerce. Aussitôt qu'un négociant avait ramassé une fortune un peu considérable, il briguait les charges municipales pour anoblir lui et les siens. Il en résultait de nombreux inconvénients : une fois anobli, un maire ou échevin, bon administrateur, n'en était pas moins écarté de la municipalité pour faire jouir une nouvelle famille de l'anoblissement. Les familles notables du tiers-état renonçaient aux établissements de commerce et de manufacture au moment où elles auraient pu leur donner plus d'étendue à l'aide des capitaux acquis par leur travail ; — moment précieux, où l'industriel est plus que jamais en situation de lier ses travaux et son industrie à l'avancement de la prospérité de l'état : — c'est alors, en effet, que les négociants peuvent se contenter d'un moindre intérêt de leurs capitaux ; — c'est alors qu'ils peuvent faciliter le commerce d'exportation par des avances ; — c'est alors qu'ils peuvent hasarder davantage et s'ouvrir, par des entreprises nouvelles, des routes encore inconnues. On lira, quelques pages plus bas, que c'est le défaut de capitaux qui a amené et ... tenu l'état de détresse dans lequel sont tombées presque toutes les industries berruyères, et le don fatal de Louis XI a depuis long-temps été regardé comme la cause première de cette ruine. — A ces fâcheux résultats il faut ajouter le nombre toujours croissant des privilégiés. Les tailles et impositions qu'ils ne payaient plus, et qui auraient été considérables comme proportionnées à leur aisance, retombaient nécessairement sur le peuple, c'est-à-dire sur des misérables qui, par-là, le devenaient encore davantage.

Tel est le jugement que portait de ce privilége M. Dupré de Saint-Maur, intendant en 1765. (*Lettre à M. Bertin, ministre et secrétaire-d'état, et Necker, Administration des Finances.*) — Voir aussi Butel, page 73.

Cette vérité avait frappé depuis long-temps les esprits réfléchis : car dès 1617, l'assemblée des notables réunis à Rouen avait été saisie de cette question au nom du Roi : mais la difficulté de trouver les fonds nécessaires au remboursement du prix des charges empêcha les notables de remédier à ce déplorable abus que les besoins sans cesse augmentés forcèrent à étendre. — Il est étonnant que le comte de Boulainvilliers, qui n'estimait que la vieille noblesse *féodale*, n'ait fait aucune remarque sur ce passage, et n'ait pas protesté contre cet appel des vaincus au partage des priviléges des vainqueurs. Du reste tous les économistes ont partagé ce sentiment. Le marquis de Mirabeau, dans son Traité de la Population, signale cette tendance funeste, qui faisait sortir tant d'argent et d'industrie du commerce.

Justice des Bonnets Verts.

Ce bizarre privilége subsista jusqu'en février 1757 et ne fut aboli que par les mêmes lettres-patentes qui ordonnèrent la destruction de la Sainte-Chapelle. — L'article 8 desdites lettres porte : « Toute la juridiction et justice temporelle qui pouvait appartenir audit chapitre de la Sainte - Chapelle dans la ville et banlieue de Bourges, — notamment celle qu'il y faisait exercer en son nom, pendant sept jours consécutifs du mois de mai de chaque année, sera éteinte et supprimée et demeurera réunie à notre bailliage de ladite ville, ainsi que, par ces présentes, nous éteignons et supprimons ladite justice et la réunissons audit bailliage, sans qu'à raison de ladite extinction et réunion le chapitre de ladite Sainte-Chapelle ni celui de ladite église métropolitaine puissent, à titre d'indemnité ou autrement, prétendre aucuns dédommagements contre les officiers dudit bailliage. » — Le reste de l'article ordonne la réunion des papiers au bailliage de Bourges.

Cette justice des Bonnets-Verts s'exerçait du 16 mai au 23, inclusivement.

Il serait superflu de faire sentir à combien d'abus devait donner lieu cette intermittence de deux tribunaux différents. Nous laissons à l'historien du Berry le soin de dévoiler bientôt la source de cette bizarre faveur accordée au chapitre du château.

Lorsque le cardinal de La Rochefoucauld parvint par son crédit à obtenir la destruction du chapitre de la Ste-Chapelle, une des raisons que la complaisance de l'intendant de la province mit en avant fut l'avantage qu'il y aurait à abolir cette bizarre justice, comme s'il n'eût pas été plus simple de détruire l'abus que de détruire le corps et les monuments.

Finances.

La généralité de Bourges est composée de sept élections..... — Les élections de Bourges et de St-Amand sont aujourd'hui dans le département du Cher, ainsi qu'une partie de celle d'Issoudun ; Issoudun, Châteauroux, La Châtre dans le département de l'Indre ; La Charité dans la Nièvre.

Le domaine de Mehun est engagé à M. le marquis de Rhodes... — Les Pot de Chemault et Pot de Rhodes ont rempli de hautes fonctions dans les 15e., 16e. et 17e. siècles. Une partie des papiers de cette famille, conservée aux archives du département du Cher, contient des documents historiques du plus haut intérêt.

Celui de Châtillon-sur-Indre à M. Amelot... — Un Monsieur Amelot, homme d'une parfaite médiocrité, fut appelé par Maurepas au ministère de la maison du Roi (Louis XVI). Il n'y a pas trace qu'il se soit occupé d'attirer les bienfaits du Roi sur la province, excepté pour faire paver la traverse de Châtillon sur les fonds ordinaires des ponts-et-chaussées. (Archives du Cher, fonds de l'intendance.) Sa famille eut plus à se louer de sa sollicitude ; il pourvut son neveu, au sortir des bancs, d'une bonne intendance.

Domaines engagés... — Les papiers et registres du bureau des finances sont conservés aux archives du Cher et peuvent être souvent d'une grande utilité aux acquéreurs ou détenteurs actuels des anciens domaines engagés.

Il faut encore compter dans les revenus du Roi :

Le droit de marc d'or ; — la ferme des postes ; — celle des messageries ; — celle de Poissy ; — la régie des poudres ; — la loterie royale ; — le bénéfice des monnaies ; la ferme des affinages ; — la taxe d'industrie ; — les vingtièmes, la capitation, devenus fixes d'accidentels qu'ils étaient d'abord.

Je n'ajoute pas ici l'énumération des droits établis successivement dans les années suivantes. Dans cette liste d'imposition ne figure pas non plus la nomenclature barbare des innombrables droits seigneuriaux qui pesaient sur les populations, et dont il n'est question ni dans le Mémoire adressé à l'intendant ni dans son travail.

Il faut ajouter à cela les nombreux accessoires de la taille, qui, de même que le principal, pesaient exclusivement sur les taillables. Et on jugera de leur importance par les chiffres suivants :

En 1781, la taille montait à. . . . . 821,921 liv. 2 s.
Et ses accessoires à. . . . . 448,431 18 1 d.
On voit qu'en 80 ans environ la taille avait doublé.

Brevet de la Taille. — Tout ce que dit l'auteur des règles de la confection du brevet de la taille était bien en effet dans les règlements et ordonnances ; mais il ne dit pas qu'en réalité tout était livré à l'arbitraire de l'intendant, et ne fait pas mention des déplorables abus dont je me propose de dérouler plus tard l'affligeant tableau, avec les procès-verbaux des assemblées provinciales, ainsi que pour les gabelles, aides, etc.

Ferme des Postes. — L'auteur entend par-là les traites foraines qui ne sont pas du compris de la ferme des gabelles. (B.)

A la suite du total des impositions, évalué par l'intendant à 2,229,477 liv., M. de Boulainvilliers ajoute :

Il est aisé de voir par ce calcul que l'auteur ne fait point entrer dans son compte la plus-value des fourrages ni de tous les autres droits nouveaux unis au domaine; l'augmentation du sel non plus que les 2 sols pour livre d'attribution nouvelle ni même qu'il n'a fait aucune mention de la capitation; de sorte qu'à bon marché faire, on peut dire que le Berry paye au Roi dans l'état présent plus de trois millions de livres, somme véritablement excessive par rapport aux forces de la province, dont l'auteur va faire le détail, en considérant le produit de chaque élection avec ce qui s'y rencontre digne d'être observé. (B.)

Élection de Bourges.

L'élection de Bourges comprenait les paroisses de :
Achères, — Allogny, — Allouis, — Annoix, — Arçay, — Argent, — Asnières, — Asnières-Gardefort, — Assigny, — Aubigny-Ville, — Aubigny-Villages, — Aubinges ou Les Binges, — Avexy, Augy-sur-Aubois, — Avord, — Azy, — Bannay, — Barlieu, — Barmont, — Beaugy, — Belleville, — Bengy-sur-Craon, — Berry-Villequiers, — Berry-Marmagne, — Blancafort, — Blet, — Boisbelle, — Boucard, — Bourges, — Boulleret, — Bouy, — Brecy, — Bué, — Bussy, — Chalivoy-Millon, — Charly, — Chassy, — Chavignolles (le canton de), — Chaumoux, — Clément, — Concressault, — Contres, — Cornusse, — Crecy, — Crezancy, — Croisy, — Crosses, — Cuzay, — Dampierre-au-Crot, — Dun-le-Roi, — Ennordre, — Farges, — Feux, — Flavigny, — Fontenay, — Foëcy, — Fussy, — Givardon, — Givaudin, — Groises, — Gron, — Henrichemont, — Humbligny, — Ivoy-le-Pré, — Jalognes, — Jars, — Jouy, — Jussy-Champagne, — La Celette, — La Chapelle-St.-Ursin, — La Chapelle-d'Angillon, — La Chapelle-Hugon, en Berry, — La Chapelotte, — La Faye, — Lantan, — Lapan, — Laverdine, — Leray, — Les Aix, — Le Subdray, —

Levet,—Limeux,—Lissay,—Lochy,—Luguy-en-Bourbon.,—Lurcy-le-Sauvage,—Marigny,—Marmagne,—Mehun-Ville,—Ménétréol-sur-Sauldre, — Ménétréol-sous-Sancerre.— Menetou-Ratel, — Menetou-Salon,— Méry-ès-Bois.— Montigny,—Morogues, — Morthomiers,— Moulins-sur-Yèvre,— Nançay,—Naves,—Nérondes,—Neuilly-en-Dun,—Neuvy-sur-Baranjon,—Neuvy-les-deux-Clochers,—Nohant-en-Goût,—Oison,—Osmoy,—Osmery,—Ourouer.— Parassy,— Pigny,—Plainpied,— Pouzy,—Précilly-Milly, - Presly,—Quantilly,—Quincy,—Raymond,—Reigny,—Rians,— Sagonne,— Saligny,—Sancerre,—Sancoins-Ville,—Sancoins-Villages,—Santranges,— Savigny-en-Septaine,— Savigny-en-Sancerre, — Selles-en-Berry, - Senneçay,— Sens,— Soie.— Soulangis,— Subligny,—Sury-en-Vaux,—Sury-ès-Bois,—Sury-près-Léré,—Saint-Aignan, — Saint-Bouise,—St-Caprais,—St-Denis-de-Palin.—St-Doulchard,—St-Éloi,—St-Florent,—Sainte-Gemme,—St-Georges-sur-Moulon,—St.-Germain-du-Puits,— Saint-Germain-des-Bois,—St-Julien-le-Pauvre,—St-Just,—St-Laurent.—Sainte-Lunaise,— St-Martin-d'Auvigny,— Saint-Michel-de-Volangy,— Sainte-Montaine, — St-Palais-en-Septaine,—St-Palais-en-Berry,—St-Satur,—St-Sauvier,—St-Seaux,—Saint-Sylvain-des-Averdines.—Sainte-Solange,—Sainte-Thorette.—Tendron,—Thou,—Trouy,—Vailly,—Valligny-le-Monial,—Vasselay,—Veaugues,—Verdigny,—Verneuil,—Vierzon-Ville.— Vierzon-Village, — Vignoux-sous-les-Aix.— Vignoux-sur-Baranjon,—Villabon,—Villegenon,—Villeneuve-sur-Cher,—Villequiers,—Vinon,—Vorly,—Vornay,—Vouzeron,—Vrost.

Commerce des Laines. — Leur exportation est contraire aux ordonnances. (B.)

BOURGES.

Nous avons parlé des principaux ornements de cette ville en parlant de l'Église et de la Justice. — Les bornes de ces notes et le projet que j'ai eu de faire une introduction à un travail d'histoire administrative, m'interdisaient de réparer ici l'oubli où l'intendant Lisse les monuments de Bourges.—S'il eût emprunté quelques notes aux ouvrages de Catherinot et les eût fait compléter, il nous eût donné, au lieu d'une phrase inutile, des renseignements précieux sur l'état des monuments de la ville à une époque où beaucoup existaient encore qui ont été détruits depuis.

Ville d'Henrichemont. — Les plus anciens seigneurs connus

sont ceux de la maison de Sully qu'on tient avoir été aînée de celle de Champagne. (B.)

Le Roi acheta cette principauté de M. de Béthune, en 1766 ; mais les sujets du prince, en demeurant sujets du Roi, devaient pendant 20 années rester exempts de toute contribution, et on devait céder en échange, à M. de Béthune, des terres de 60,000 livres de revenu. C'est l'accomplissement de cette condition qui amena la scandaleuse affaire du comté de Sancerre. (Voir une Histoire de Sancerre publiée sous le nom d'Avertissement en tête de la réimpression de Jean de Léry, par M. L. Raynal ; Annuaire de 1841.)

Aubigny. — Boulainvilliers dit que c'était par confiscation sur Charles-le-Mauvais, roi de Navarre, qu'Aubigny était rentré dans le domaine du Roi.

Il se faisait à Aubigny des draps pour les troupes, des serges et des droguets ; le commerce des fils y était assez étendu ; il y avait dans les environs deux verreries : une pour les bouteilles, qui était très-estimée, et l'autre pour les gobelets et les coulages pour les liqueurs.

SANCERRE.

Le prince de Condé s'en rendit adjudicataire par décret, en 1640 (en 1628, suivant l'abbé Poupard), pour une somme modique de 35,000 liv., ce qui porta les habitants à se cotiser eux-mêmes pour payer cette somme au profit de leurs anciens seigneurs et leur conserver une terre si noble et si ancienne. Mais leurs efforts furent vains ; le parlement ayant jugé que l'adjudication faite au plus offrant, revêtue de toutes les formes, ne pouvait plus recevoir d'atteinte ; et comme, pendant le cours de cette instance, le terme du retrait lignager que l'on en pouvait faire s'écoula sans que les seigneurs dépossédés s'avisassent d'en faire usage, la possession de la maison de Condé est devenue incommutable. (B.)

On sait les scandales qu'occasionna plus tard l'échange de cette terre entrée dans le domaine du Roi par suite d'une connivence coupable de M. de Calonne avec M. d'Espagnac qui l'avait acquise de la succession de la princesse de Conti.

Siége de Sancerre. — On voit que ni M. de Séraucourt ni M. de Boulainvilliers n'ont connu le récit que nous a laissé du siége de Sancerre Jean de La Gessée, catholique, sous le titre de : Nouveau discours sur le siége de Sancerre, depuis le commencement qu'il fut planté devant la ville, au mois de janvier

1573 jusqu'à présent, le camp du Roi étant encore aux environs d'icelle. — Rouen, 1573. — Ouvrage devenu extrêmement rare.

La relation de Jean de Léry (et non pas Jean de L'Héri, comme l'a écrit M. de Boulainvilliers), était devenue aussi fort rare ; elles ont été réimprimées toutes deux dans les Annuaires du Berry des années 1840 et 1841, sous la direction de M. L. Raynal, 1er. avocat-général, avec d'autres pièces rares relatives à Sancerre, précédée d'un avertissement et accompagnée de cartes.

Cet avertissement, qui est un excellent abrégé de l'Histoire de Sancerre, rappelle quelques mouvements des protestants de Sancerre, en 1621, qui furent comprimés par le prince de Condé, et dont il n'est pas fait mention dans le Mémoire de l'intendant.

Il y a aujourd'hui un temple protestant et un ministre à Sancerre.

Il est nécessaire de remarquer encore, au sujet de la ville de Sancerre et de son territoire, que l'on en attribue communément la fondation à J. César, et que cependant il y a beaucoup plus de probabilité à rapporter l'étymologie de son nom aux grandes peuplades de Saxons que Charlemagne transporta dans ce pays ; en conséquence de quoi il a été depuis nommé *Tractus Saxonicus*, ou simplement *Saxonicum* · on trouve en effet, dans une grande partie de ce pays, une espèce de peuple différent des autres, que l'on regarde comme esclave, et qui peut être ou les restes de ces Saxons, ou peut-être avec plus d'apparence, des Gaulois qui demeurèrent parmi eux. (B.)

Château de Mehun. — M. de Boulainvilliers, plus exact que l'intendant, dit que ce château fut bâti par Jean, duc de Berry et habité par Charles VII. Il fait en outre mention qu'il était de tradition dans le pays que ce château était sujet à être frappé de la foudre. — Il ajoute : Il n'en reste à présent que la chapelle, quelques escaliers qui n'ont plus de communication avec ce qu'il y a encore d'appartements subsistants. Ce château est un beau reste de la magnificence et de la modestie des temps passés : la situation en est admirable, et la pierre dont il est construit est aussi blanche que le marbre.

Le passage relatif aux anciens seigneurs de Mehun est fort embrouillé dans le rapport de l'intendant. M. de Boulainvilliers l'a rétabli ainsi : la seigneurie de Mehun était entrée dans la maison de Robert, comte d'Artois, par l'alliance d'Amicie de Courtenai avec Robert II, comte d'Artois, et en celle de Courtenai par le mariage de Mahault, héritière de Mehun, avec Robert II, fils de Pierre de France, sire de Courtenai, fils du roi Louis-le-Gros.

N'ayant pas le projet de compléter ici l'historique des villes et châteaux dont l'intendant aura parlé dans son Mémoire, je ne puis mieux faire que de renvoyer, pour celui de Mehun et les autres, au Mémoire de M. de Berges-Puyvallée, publié dans l'Annuaire de 1843, et à la Notice de M. Louis Raynal, sur le château de Bois-sir-Amé, compris dans l'élection de Bourges, dont M. de Séraucourt ne fait pas mention.

ÉLECTION DE LA CHARITÉ.

Alligny,—Arganviers,—Arsambouy,—Arthel,—Authioux, — Bagnaux, — Beaumont-Laferrière, — Belles, — Bulsy, — Bussy-les-Brinons, — Cessy, — Champlin, — Champvoux,— Charentonnay,— Channay,— Châteauneuf,— Chavannes,— Colmery,—Couargues, — Couloutre,—Couy,—Dompierre,— Donzy,— Etrechy,— Garigny,— Giry,— Guerchy,— Herry,— Houdan,—Jussy-le-Chaudrier,—La Chapelle-Molinard,—La Charité,— La Celle-sur-Nièvre, — Le Chautay, — Le Gravier, —Lugny-Champagne,—Manay-le-Vieil.— Marcilly,— Mene-treaux,— Menetou-Couture, — Mesves.— Mornay,— Munot, —Murlin,—Nanay,—Narcy,—Oudan,—Perroy-la-Motte,— Pouilly, — Precy, — Ravaux, — Rebourse,— Sancergues,— Sevry,—Sichamps,—Sully-Verger, — Saint-Andelin,—Saint-Bonnot,—Sainte-Colombe,—St.-Hilaire-de-Gondilly,—Saint-Laurent-l'Abbaye, — St.-Ligier-le-Petit,—St.-Malo,—Saint-Martin-des-Champs,—St-Martin-la-Marche,—St-Martin-du-Pré,—St-Martin-du-Tronçay,—St-Quentin,—Saint-Vrain,— Thauvenay,—Tracy,—Varennes.

Je ne sais comment expliquer l'inadvertance qui a fait que l'auteur de ce Mémoire s'est si étrangement trompé sur la position des villes de La Charité et de Pouilly. Ces deux villes sont sur la rive droite et non pas sur la rive gauche de la Loire. M. de Boulainvilliers s'était-il aperçu de cette faute, je ne le sais; mais il a supprimé le membre de phrase qui la contient.

Forges du Nivernais. — C'est en 1688 qu'elles ont été si activement occupées pour la marine. On connaît les établissements métallurgiques du gouvernement qui animent encore ce pays.

Les forges de la Chaussade ont été acquises par le Roi en
1781; on ignore pour quelles sommes, parce qu'on l'a dissi-
mulé dans les comptes communiqués aux notables. — Ainsi on
ne met rien en recette pour 1786, et on porte en dépense,
pour l'exploitation, 900,000 liv., et à compte sur le paiement
du prix principal, 440,000 liv. Total, 1,340,000 liv. Dans le
compte de 1787, art. 9, on porte au chapitre des revenus,
fonds à recevoir de la marine, pour fourniture de ces forges,
900,000 livr., et au chapitre de la dépense, art. 35, forges de
la Chaussade, 1,000,000. Enfin, dans le compte-rendu au Roi,
en mars 1788, publié par ses ordres, on évalue le produit de
ces forges à 80,000 liv., et on convient qu'elles ont coûté plus
de 3,000,000. (*Procès-verbal de l'assemblée des Notables*, aux
états-généraux, sur les réformes à faire, 1789. — Anonyme.)

L'élection de La Charité fut établie d'abord en 1635, puis
supprimée, puis rétablie par édit de février 1696, enregistrée
à la cour des comptes le 26 mars de la même année. L'édit l'at-
tribuait d'abord à la généralité d'Orléans et la composait de
paroisses distraites des élections de Gien, Nevers et Bourges.

Il y était établi un président, un lieutenant civil et criminel,
un assesseur premier élu et quatre élus, un procureur du Roi,
deux receveurs des tailles qui devaient jouir des mêmes juridictions, honneurs, autorité, prérogatives, exemptions, priviléges, remises, franchises, libertés, et généralement de tous
autres droits, fonctions et exercices dont jouissaient les officiers des autres élections. — Il était créé en titre d'office héré-
ditaire en la même élection, six procureurs postulants, un tiers
référendaire taxateur des dépens, un contrôleur des déclara-
tions de dépens, un premier huissier, deux huissiers audien-
ciers et deux sergents des tailles.

La réunion de la nouvelle élection à la généralité d'Orléans
était une faute que l'on reconnut bientôt, et un nouvel édit du
14 août de la même année la réunit à la généralité de Bourges.

Le premier président fut M. Sébastien-Pierre Bernot, conseiller au bailliage et siége présidial de St.-Pierre-le-Moutier,
installé par le bureau des finances, le 9 janvier 1697.

ÉLECTION D'ISSOUDUN.

Aineuil ou Ineuil, — Ambrault, — Bellefaye, — Beteste, —
Bommiers, — Bouges, — Boussac-le-Château, — Boussac-l'Eglise,
Brinay, — Brion, — Brives, — Buxière-St-Georges, — Chambon,
— Chârost, — Châteaumeillant, — Châteauneuf-sur-Cher, —

Cherry, — Chezal-Benoit, — Chouday, — Civray, — Clugniac, — Cluis-Dessus, — Cluis-Dessous, — Condé-en-Bommiers, — Condé-en-Lignières. — Cerboy, — Corquoy, — Coulon-en-Graçay, — Dame-Sainte, — Dampierre-en-Graçay, — Dampierre-en-Issoudun, — Diors, — Diou, — Dommerot, — Genouilly, — Giroux, — Gouers, — Guilly, — Ids-Saint-Roch, — Issoudun, — La Bertenoux, — La Chapelaude, — La Selle, — Lazenay, — Le Châtelet, — Levroux, — Lignières, — Liniez, — Lizeray, — Lys-St-Georges, — Luçay-le-Chétif, — Lunery, — Lury, — Mareuil, — Maron, — Massay, — Ménétréol, — Merioux, — Meunest, — Migny, — Montierchaume, — Mont-louis, — Neuvy-Pailloux, — Neuvy-St.-Sépulcre, — Nouzerines, — Paudy, — Planches, — Plou, — Poiseux, — Preuilly, — Pri-melles, — Pruniers, — Reboursin, — Reuilly, — Rezay, — Sar-zay, — Segry, — Selles-sur-Nahon, — Seruel, — St-Ambroise, — St-Août, — St-Aubin, — St-Baudel, — Sainte-Colombe, — Ste-Fauste, — St-Florentin, — St-Georges-sur-Arnon, — St-Georges-sur-la-Prée, — St-Hilaire-de-Court, — St-Hilaire-en-Lignières, — St Jean-des-Chaumes, — Sainte-Lizaigne, — St-Martin-de-Court, — St-Outrille, — St-Thalier, — St-Pierre-de-Jards, — St-Pierre-les-Bois, — St-Symphorien, — St-Valentin, — St-Vincent-de-Gy, — Tersillat, — Tizay, — Touchay, — Tranzault, — Venes-mes, — Villecelin, — Vouillon.

Voici une des additions les plus singulières du premier édi-teur que je dois reproduire ici, n'en déplaise aux habitants de la Champagne berruyère.

Entre les singularités de la province, il est nécessaire de re-marquer le caractère et la manière de vivre de la plupart des habitants de cette élection, surtout de ceux qui cultivent les plaines que l'on nomme la Champagne : les peuples n'ont presqu'aucune propriété ni fonds, ni meubles; ils vivent en-semble jusqu'à 20 ou 30 familles, plus ou moins, dans une métairie dont le fonds et les bestiaux appartiennent à un pro-priétaire : ces familles se choisissent un chef qui conduit le mé-nage et distribue le travail à tous les autres; s'il se conduit mal, elles le destituent et en choisissent un autre, mais les dettes contractées par le premier sont toujours à la charge de la communauté. Il n'y a pas de nation plus sauvage que ne le sont ces peuples-là; on en trouve quelquefois des troupes à la campagne, assis en rond au milieu d'une terre labourée, et toujours loin des chemins; mais si l'on en approche, cette troupe se dissipe aussitôt; les villages sont composés de trois ou quatre métairies pareilles séparées les unes des autres souvent de plus d'une lieue, et les églises avec la maison du curé sont seules au milieu des champs ; au reste, il est fort rare que les familles habituées dans une métairie s'abandonnent : comme aussi la destitution des chefs est assez rare, parce que celui qui a fait les dettes sait ordinairement mieux qu'un autre le moyen de les acquitter. Le propriétaire a néanmoins la principale autorité dans le choix de ce chef, quoique tous les membres lui soient également engagés ; mais le profit commun fait sa sûreté et son avantage. L'ordre de Cîteaux possède une grande partie de la campagne où chaque abbaye a ses métairies et ses colons : quelques autres maisons religieuses y ont aussi les leurs, et le surplus appartient à des seigneurs ou à des particuliers habitants des villes. (B.)

Cet état de sauvagerie a sans doute bien changé. Quant à l'esprit d'association qui animait ces peuplades misérables, il ne me paraît pas si à dédaigner qu'il semble l'avoir été, et à côté des hallucinations de quelques utopistes, il reste toujours les grands bienfaits de l'association que ces pauvres paysans avaient devinés long-temps avant qu'ils fussent l'objet de brillantes théories.

ÉLECTION DE SAINT-AMAND.

Ainay-le-Vieil, — Ainay-le-Château, — Alichamps, — Arcomps, — Ardenais, — Arpheuilles, — Aude, — Bannegon, — Bardais, — Bedde, — Bessais, — Bords, — Bouzais, — Braize, — Cérilly, — Chalivoy-les-Noix, — Chalivoy-les-Mèles, — Champeix, — Changy, — Charenton, — Chevannes, — Coigny, — Colombiers, — Coust, — Crezançay, — Culan, — Drevant, — Epineuil, — Farges, — Faverdines, — Germigny, — Ignol ou Ignoux, — Isle, — Jurigny, — La Bruère, — La Celle-Bruère, — La Celette, — La Chapelaude, — La Chapelle-Hugon, en Bourbonnais, — La Groutte, — Lanage, — La Perche, — La Tuilerie, — La Vaufranche, — La Villaine, — Le Pondix, — L'Ete'on, — Le Venon, — Le Vieux Château, — Leyrat, — L'Oye, — Maisonnais, — Malleret, — Marçais, — Meillant, — Meslon, — Montgenoux, — Morlac, — Moussais, — Neuilly-en-Saint-Amand, — Neuilly-en-Sancerre, — Nouziers, — Orcenais, — Orval, — Parnay, — Parsac, — Pradeaux, — Preuil, — Regny-sur-Arnon, — Roussines, — Rousson, — Saulzais, — Soye-l'Église, — Saint-Aignan-des-Noyers, — St-Amand, — St-Bennin, — Saint-Christophe-en-Barzelle, — St-Désiré, — St-Georges, — St-Jeanvrin, — St-Loup-des-Chaumes, — St-Marien, — St-Paul, — St-Pierredes Etieux,—St-Pierre-les-Bos,—St-Sylvain-de-Baierot,—St-Sylvain-sous-Toul,—St-Vic-le-Fleuriel,—Thaumiers,—Toul-Ste-Croix,—Valnay,—Valon,—Vaux,—Vernay,—Veroux,—Vesdun,—Viviers,—Urçay,—Uzay.

M. de Séraucourt a traité fort légèrement l'article de cette élection, et il y aurait beaucoup à dire sur les quelques lignes qu'il lui a consacrées, tant sur le rapport des habitants que du territoire. Ici l'intendant a erré en parlant et en se taisant ; car il a omis un grand nombre de détails qui seraient aujourd'hui fort curieux, sur l'industrie de cette partie de la généralité aujourd'hui une des plus prospères du département du Cher.

Je me contenterai ici de relever l'inexactitude de l'allégation que le sol de l'élection de St-Amand est à peu près pareil à celui de la Champagne-Berruyère. L'ouvrage de M. Fabre me rendra cette tâche facile : il y est constaté que les terres calcaires ou terres maigres ont peu d'étendue dans l'arrondissement de St-Amand. Les terres argilo-calcaires en occupent une grande surface dans la vallée de Germigny, dans les cantons de St-Amand et de Charenton, la vallée de St-Pierre, une grande partie des cantons de Saulzais, du Châtelet, de Châteaumeillant ; quelques communes de ceux de Lignières et de Châteauneuf.

ÉLECTION DE CHATEAUROUX.

Argy.—Arpheuilles,—Arton,—Azay,—Balzeme,—Beauché,—Baudre,—Bezagette,—Bouesse,—Bourgneuf,—Bretagne,—Buxière,—Buzançais,—Chambon,—Châteauroux,—Châtillon-sur-Indre,—Chezelles,—Clion,—Cléré-du-Bois,—Cloué,—Coingts,—Crolz,—Déols,—Etrechet,—Etrées-St-Genoux,—Faverolles,—Fléré-la-Rivière,—Francillon,—Gehée,—Habilly,—Hervaux,—Heugnes,—Jeu-Maloches,—Jieu-les-Bois,—La Chapelle-Arthemal,—Langey,—La Pérouille,—Letranger,—Lourouer,—Luant,—Luçay-le-Mâle,—Luçiou,—Mannay,—Martizay,—Méobec,—Mehun-sur-Indre,—Ménétréol,—Mezières,—Meurs,—Moulins,—Neuillay,—Niherne,—Nots,—Obterre,—Onzay-l'alluau,—Palluau,—Pannay,—Pellevoisin,—Prehaux,—Rouvre-les-Bois,—Sacierges,—Saunay,—Sougé,—Subtray-Mezières,—Saint-Cyran-du-Jambot,—Sainte-Jemme-le-Sablon,—St-Genoux,—St-Lactancin,—St-Martin-des-Lamps,—St-Martin-d'Ardentes,—St-Martin-de-Vertho,—St-Maur,—St-Médard,—St-Michel-en-Brenne,—St-Pierre-de-Lamps,—St.-Vincent-d'Ardentes.

Tendu,— Toizelay, — Valençay, — Velles, — Vandœuvres,— Veuil,—Vic-sur-Nabon,—Villebernin,—Villedieu,—Villegongis,— Villegouin,— Villantrois,— Villers, — Villiers, — Vineuille.

Raoul, *prince de Déols*, que l'on croit avoir été de la famille des ducs d'Auvergne. (B.)

ÉLECTION DU BLANC.

Aingts,—Angle,—Antigny,—Arnac-l'Enclave,—Azerables, —Beaulieu,— Belàbre,— Berthines,— Bonneuil,— Bonnus, Brosses,—Chaillac (le bourg de),— Chalais,—Chamboraut, —Château-Guillaume,—Château-Loinsac,— Chitray,— Concremiers,—Coulonges,—Cremilles,— Cromas,— Douadic,— Dunet,—Etourneau,—Folles,—Fontgombault,—Fromental, — Fursac-St-Pierre,— Gartemps, — Ingrande, — Jauvac,— Jouac,—La Buxière-Rapy,—Labuxière,— Lallemette,— Lamorinière, ou l'Enclave, — La Souterraine, — Lavaudieu,— Laureuil,— Lauzarais,—Le Blanc,—Le Bourg-de-Lussac,— Le Mont-St-Savin, — L'Enclave-d'Aingts,— L'Enclave-d'Arnac,— L'Enclave-du-Bourg,— L'Enclave-du-Ruth,— L'Enclave-du-château-Pousac, — Les Chezeaux, — Les Petelles, — Lignac,— Lingé,— Loessières,— Lurais,— Lupac,—Lussac (le bourg de), — Lussac (le village de),--Maillac,--Mandrezat, — Mauviers,--Mérigny,--Migné,—Milloux,—Morterolle,-- Mouhet,—Moutiers-Verneuil, Naillac,—Naillers,—Néons, —Nesmes,—Notre-Dame-de-St-Savin,—Nuret,— Outches, —Paisay-sur-Creuse,— Paisay-le-Sec,--Parnat,—Plaincourault, — Pleumartin, — Pouligny, — Preuilly-la-Ville,— Prissac,— Rivarennes,— Rosnay, -- Roussiers,—Ruffec,— Sacierges,—Sauzelles,—Saint-Agny,--St-Benoit-du-Sault, —St-Ciran-du-Blanc,— St-Etienne-du-Blanc,—St-Genitour-du-Blanc,— St-Georges-des-Landes,—St-Georges-de-Ciron,—St-Germain,—St-Hilaire-de-Benaize,—St-Léger-de-Lafa,—St-Martin-le-Maux,--St-Maurice,—St-Nazaire, -- St-Phele-de-Maillet,—St-Pierre-de-Nots,---St-Pierre-de-Maillet,—St-Pierre-de-Pouligny,--St-Pierre-la-Feuille,— St-Sulpice-les-Feuilles,---Tersannes et Insac,—Tilly,--Tollet, --- Tournon,— Vareilles, —Verciilac-St-Aignan,--Vicq,--- Vouhet.

L'élection du Blanc comprenait cette partie du département de l'Indre qu'on appelle la Brenne, vaste plaine mal saine et couverte d'étangs si nombreux que M. de La Tramblais, dans une Notice publiée récemment, évalue à 4,000 hectares l'étendue de terrains qu'ils couvrent, bien qu'on en ait déjà desséché un certain nombre. Toutefois, il proteste contre le tableau désolant que M. Dalphonse, ancien préfet de l'Indre, a fait de cette contrée dans la Statistique de ce département. En effet, l'établissement des voies de communication, le marnage des terres, paraissent des moyens infaillibles d'amener dans le pays l'aisance et la salubrité, en faisant successivement dessécher une grande partie des étangs et marais dont les miasmes rendent endémiques les fièvres intermittentes ; et la Brenne pourra revoir ces beaux jours où elle était couverte de forêts verdoyantes entrecoupées de riantes prairies et arrosées d'eaux courantes et vives.

Le Blanc. — M. de Boulainvilliers ajoute le nom latin de la ville, *Oblincum.*

ÉLECTION DE LA CHATRE.

Argenton, —Badcon, —Baraize, —Bazaiges, —Briantes, —Ceaulmont et La Breugne, —Celon, - Champillet, —Chasseneuil, —Chassignoles, —Chavin, —Chazelet, —Cidiailles, —Crevant, —Crozon, —Dampierre, —Feuzines, —Fougeroles, —Gargilesse, —Gournay, — Jarige-de-Cuzion, — La Buxerette, —La Chapelle-St-Gilles, —La Châtre, —La Châtre-au-Vicomte, —La Mothe-Feuilly, —Lacs et Couet, —Le Magny, —Le Menoux, —Le Pain, —Le Pechereau, —Lignerolles, —Lourouer, —Luzeret, —Maillet, —Malicornay, —Mers, —Mont-Chevrier, —Mont-Givray, —Montipouret, —Mont-le-Vic, —Mouhers, —Neyret, —Notre-Dame-de-Pouligny, —Nouhant, —Orcanes, —Parassay, —Pommiers, —Préveranges, —Réauvy, —Rongères, —Sazeret, —St-Chartier, —St-Cyrrant, —St-Christophe-en-Boucherie, —St-Denis-de-Jouhet, —St-Etienne-d'Argenton, —St-Gaultier, —St-Gille, —St-Julien-de-Thevet, —St-Laurent-de-Cuzion, —St-Marcel-d'Argenton, —St-Martin-de-Pouligny, —St-Martin-de-Thevet, —St-Maur-Chavroche, —St-Pierre-la-Marche, —St-Saturnin, —Sainte-Sévère, —Thenay, —Verneuil, —Vic-sur-St-Chartier, —Vic-Exemplet, —Vigou, —Vigoulan, —Vijon, —Urciers.

Noblesse de la province.

Seigneurie d'Argenton. — L'intendant dit que le duc d'Orléans avait vendu la seigneurie d'Argenton à M. l'abbé d'Epernon ; M. de Boulainvilliers dit au contraire qu il la donna à Mademoiselle de Sens, mère de M. le chevalier d'Orléans.

La Maison-Fort, etc. — Lorsque M. de Boulainvilliers fit imprimer, M. de Torcy était mort, et la succession de sa femme, de qui lui étaient venues ces terres, n'était pas encore partagée. Les principaux héritiers étaient les de Rhodes.

M. de Boulainvilliers ajoute à la liste :

M. le comte de Marais, — Hurault ;

M. d'Argenson, — Veuil, de 6,000 livr. de rente.

La très-courte notice que M de Séraucourt a donnée dans son Mémoire, sur les familles nobles du Berry, est tellement laconique, qu'elle ne peut servir en rien aux recherches historiques. Il aurait pu cependant faire un travail très-utile, au point de vue des intérêts, pour ses contemporains, au point de vue de l'histoire, pour nous.

C'est ici qu'il convient de placer un document que j'ai trouvé aux archives du département, dans les papiers de l'intendance ; c'est une correspondance relative à des pièces historiques que le Ministre de la maison du Roi cherchait à conserver avec une bien louable sollicitude (1).

M. Bertin écrivit le 10 juillet 1765 à M. Dupré de St-Maur, alors intendant de la généralité de Berry :

« On m'a dit, Monsieur, que des demoiselles Labbé, qui demeurent à Bourges, avaient chez elles la collection de chartes et de titres originaux qui avait été formée par M. de La Thaumassière, et qui lui a servi pour composer ses ouvrages sur le Berry. Comme parmi ces titres il peut y en avoir de précieux et à la conservation desquels il est utile de veiller, je serais fort aise que vous eussiez la bonté de vous instruire par vous-même ou par quelqu'homme de confiance, de la nature et de la quantité de ces pièces, et que vous m'envoyassiez ensuite un mémoire qui pût me mettre au fait de leur importance Je crois

_____

(1) C'est à la sollicitude éclairée de M. Bertin que la France est redevable des tableaux qui forment aujourd'hui, en six portefeuilles, la nomenclature des chartriers existant en France vers l'année 1770 ; nomenclature divisée par généralités, subdélégations, villes, bourgs, villages et châteaux, dressée d'après une série de tabl aux envoyés par les intendants de provinces. (*Voy. Préface de M. Champollion-Figeac, en tête des Lettres des Rois et Reines de France et d'Angleterre.— Paris, imprimerie royale,* 1839.)

que ces demoiselles qui, dit-on, sont âgées, ne peuvent s'alar-
mer des connaissances que vous prendrez de ce dépôt; puis-
qu'il ne peut être question de le leur enlever, mais bien de
prendre, de concert avec elles, les moyens qui peuvent et le
conserver et le rendre plus utile. — Je suis, etc. »

L'intendant prit la précaution de répondre de sa main au
Ministre, qu'on ne lui avait pas donné des informations exactes
sur l'origine de la collection des titres qui était entre les mains
des demoiselles Labbé. Elle ne venait pas de La Thaumassière,
mais, dit-il, d'un sieur Gougnon, leur parent, qui, vers l'an
1715 ou 1716, avait été nommé procureur-général d'une commission établie pour la recherche des faux-nobles dans la province du Berry ; sans doute par suite de la pensée indiquée
dans l'Instruction, page 10, au sujet de la poursuite à exercer
contre ceux qui se soustrayaient au paiement des impositions à
l'aide de faux titres de noblesse, M. Gougnon se fit remettre
dans ce temps-là la meilleure partie des titres de toutes les familles; il les garda d'abord sous différents prétextes, et finale-
ment ceux qui étaient dans le cas de les réclamer, ou n'y pen-
sèrent plus ou moururent à la peine. Les demoiselles Labbé,
peu à leur aise, vendaient de temps à autre quelques-uns de
ces titres quand elles en trouvaient l'occasion : on assura à M.
Dupré de Saint-Maur que deux religieux bénédictins leur en
avaient enlevé une partie de cette manière, et qu'ils avaient eu
même des choses fort précieuses (1).

On comprend qu'après avoir passé par les mains de ces sa-
vants, ce dépôt devait avoir perdu beaucoup de son importance ; cependant l'intendant s'occupa d'en avoir un état exact,
mais avec ménagement, craignant que les demoiselles Labbé,
sentant bien qu'elles ne possédaient pas trop légitimement les
titres dont il s'agit, ne se refusassent à toute espèce de communication, dans la crainte d'être forcées à restitution. La négo-

---

(1) Dom Rivet fut chargé par sa Congrégation de l'Histoire
littéraire de la France ; il fut secondé, pour ce qui regarde le
Berry, par un enfant de cette province, dom François Méry, né
à Vierzon vers 1675, mort à Massay le 18 octobre 1723. Le
travail de dom Méry fut envoyé à dom Rivet, puis successivement remis, pour la rédaction de l'Histoire du Berry et du
Bourbonnais, à dom Jacques Précieux et dom Claude Antoine
Turpin. Il était dans l'appartement de ce dernier lors de l'incendie de Saint-Germain-des-Prés, 20 août 1794. (C. de S. A.)

ciation fut délicate, à ce qu'il paraît ; car ce n'est que le 29 novembre 1765 que M. Dupré de Saint-Maur envoya au ministre l'état suivant :

ÉTAT sommaire des titres renfermés dans différents portefeuilles ou cartons rangés par ordre suivant leur qualification de maisons ou familles, autant qu'il a été possible.

Le n°. 1 renferme des papiers relatifs aux généalogies de maisons de :

1°. De Maupeou. — Elle est connue ;

2°. De Megrigny. — Est originaire de Troyes ;

3°. De Mesme. — Il y a lieu de croire que c'est aujourd'hui celle de Neufchâtel :

4°. De Midorge. — Elle tire son origine du Dauphiné :

5°. De Minard. — Paraît sortir de Gannat, en Bourbonnais ;

6°. De Molé. — Elle est connue :

7°. De Montholon. — Paraît sortir de Dijon :

8°. De Montmiral, de Moncy, de Neufville. — Paraît être aujourd'hui Villeroy. — Nicolaï, probablement aujourd'hui Nicolay. — d'Orgemont.

9°. De Paris. — Nicolas de Paris, échevin de Paris en 1 16 ; depuis, cette famille a passé dans le parlement et à la chambre des comptes :

10. De Perrot, — De Phélippeaux. — La première tient sa noblesse d'un conseiller au parlement de Paris, en 1551 ; la seconde est connue et sort de Blois ;

11. De Marle. — Le premier qui paraît avoir donné le nom à cette maison était chambellan en 1383 ;

12. De Sanguin-Livry. — D'où, suivant une note jointe aux pièces, M. le marquis de Livry, cordon-bleu en 1724 ;

De Sanguin-Mofflers et Meudon. — Vicomte de Neufchâtel en 1414 ;

13. De Sère. — Elle est originaire de Piémont :

14. De Scvin. — Tire sa noblesse de la cour des aides et du parlement ;

15. De Simon. — Était dans le parlement avant 1436 :

16. De Spifame. — Cette maison est originaire de la ville de Luques, en Italie, et a passé en France en 1340 :

6.

17. *De Thou.* — Cette maison date de 1536 et sort de l'Orléanais ;

18. *De Thuris.* — Cette famille tire son origine d'un trésorier de France à Lyon ;

19. *De du Tillet.* — Elle paraît être alliée à celle de Chabot ;

20. *De Tronçon.* — Cette maison est originaire de Paris, a eu un conseiller au parlement en 1510, un prévôt des marchands en 1534, et un conseiller d'état, etc. ;

21. *De Tudert.* — Originaire de Mirebeau en Poitou, date de 1402, conseiller au parlement de Paris ;

22. *De Vaudetar.* — Cette maison, qui peut aujourd'hui être connue sous le nom du marquis de Persan, paraît être originaire d'une ancienne et noble famille d'Italie ;

23. *De Versoris.* — Est originaire des environs de Falaise, en Normandie ; il paraît que son nom est *Letourneur* ;

24. *De la maison de Viole.* — Cette famille est originaire d'Orléans ; le premier qui paraît lui avoir donné la noblesse était correcteur de la chambre des comptes de Paris en 1440 ;

25. *De Hotman.* — Est originaire de Clèves ; a passé en France en 1480 ;

26. *De Vitry.* — Philippe de Vitry était secrétaire des rois Philippe-le-Hardi et Philippe-le-Bel, l'an 1285 ;

27. — *De Jubert.* — Il y a eu Jean Jubert, président de la cour des aides de Rouen ;

28. *Hennequin.* — Cette maison est originaire de Troyes et paraît être alliée à celle de Phélippeaux, à cause des femmes. Elle peut être connue sous les noms de *Dammartin* et d'*Ozon* ;

29. — *De Picot, baron de Dampierre.* — Est originaire de Brie ;

30. *De la noble maison de Prévôt, seigneur de Saint-Cyr.* — Il y a une branche nommée de Moulins ;

31. *De Raguier.* — Est Allemande de nation ; passa en France avec Ysabeau de Bavière, femme du roi Charles VI ;

32. *De Refuge.* — Est originaire de Bretagne ;

33. *Rivière.* — *Robertet.* — Celle-ci peut être mieux connue sous le nom de *baron d'Allaye* ; il y a eu des alliances avec la maison Babou de La Bourdaisière ;

34. *De La Croix-Plancy.* — Cette maison est plus connue aujourd'hui sous le nom de *Castres* ;

35. *Le Fevre-d'Ormesson.* — Elle est connue.

Fournier. — Tire son origine de Saint-Marcel, près Argenton en Berry, sous Charles VII, et pourrait peut-être aujourd'hui être celle de Boismarmin, sous le nom de *Fourier de Boismarmin*;

36 *De La Guesle*. — Cette maison paraissait ancienne sous le règne de saint Louis, en 1249; elle est alliée à celles de La Chastre et Seguier de Sorel;

37. *De Lamoignon*. — Est connue et existe depuis 1255;

38. *De Landes*. — Est originaire de Gènes et vint en France sous le règne de Charles VI;

De Laubespine. — Parait être originaire de Beauce en 1337;

39. *De Le Picart*. — Le premier qui a donné le nom à cette famille était maître ordinaire en la chambre des comptes sous Charles VI;

40. *De Longueil*. — Le premier de cette maison accompagna Guillaume, duc de Normandie, à la conquête d'Angleterre en octobre 1066;

41. *De Loménie*. — Est originaire du Limousin, date de 1402;

42. *De Loynes*. — Est originaire de Beaugency, en 1448;

De Languejoue. — Anoblie en 1435;

De Lorfèvre. — Date de 1560 et parait alliée à celle de L'Hopital-Vitry;

43. *De Lottin*. — Tire sa noblesse du parlement de Paris, en 1480;

44. *De Luillier, seigneurs d'Orgeval et de Boulancourt*. — Originaire de Paris, paraît exister depuis 1361;

45. *De L'Huillier d'Interville*. — Parait être originaire d'Orléans;

46. *De Machault*. — Elle est connue et date de 1515;

47. *De Lemaistre*. — Existait dès 1484;

48. *De Mangot*. — Cette maison est originaire de Loudun; elle est alliée à celle de Phélippeaux;

49. *De Marillac*. — Cette maison paraît être originaire d'Auvergne; avait le titre d'écuyer en 1382;

50. *De Pinon*. — Ancienne dans le parlement;

51 *De Pommereux, de du Prat*. — De cette dernière sont issus les marquis de *Nantouillet* et barons de *Viteaux*.

52. *De Potier*. — Cette maison est connue sous le nom de *Gesvres*.

Les portefeuilles n°. 2, 3, 4 et 5 contenaient plusieurs inventaires de titres de noblesse fournis aux intendants de Bourges à différentes époques; des notes, mémoires et généalogies dont M. Dupré de St-Maur ne donna pas le détail.

Le portefeuille n° 6 contenait des édits, ordonnances, etc., concernant l'ordre de Notre-Dame du Mont-Carmel et autres ordres.

Le 7e. contenait différents titres, comme contrats de mariages, testaments, acquisitions, etc., savoir :

1°. De la famille des *Fradet*, en 1345, qualifiés d'écuyers en 1458 ;

2°. De *Tusse*, écuyers en 1393 ;

3°. De *Chambellen*, seigneur de La Gardine, et secrétaire de Monseigneur le Dauphin en 1554 ;

4°. *Jacques Poirier*, bourgeois de Bourges en 1423 et 1572 ;

5°. *Jean Bidault*, doyen de l'église de Bourges en 1563, seigneur de Mazières, Germigny et Givray ;

6°. *Jacques de La Chapelle*, bourgeois de Bourges en 1564 ;

7. De *Boisrouvray*, en 1615 ;

8°. De *Riclis*, en 1505 ;

9°. De *Pregent de Rouy*, en 1575 ;

10. De *Jean de Pelleprau*, écuyer en 1584 ;

11. De *Sylvain de Varye*, écuyer en 1624 ;

12. De *Guillaume de La Touratte*, écuyer en 1597 ;

13. De *Perrin-Faucillon*, en 1363 ;

14. De *Cassien de Vernière*, en 1569 ;

15. De *Germain Montagu*, marchand à Bourges en 1584 ;

16. De *Jacques Tourpin*, seigneur de Boissé, et *Françoise de Blanchefort*, fille de haut et puissant seigneur messire Jean de Blanchefort, en 1490 ;

17. *Etienne de Viguier*, écuyer en 1643 ;

18. *François Foucault*, écuyer en 1631 ;

19. *Aubert de Magnac*, sieur *Durepaire*, en 1565 ;

20. *Isaac de Lozier*, en 1602 ;

21. *Jacques Debrielle*, avocat en 1627 ;

22. *Jean de Sathenat*, écuyer, seigneur de Launay, en 1586 ;

23. *Jean Le Seure* et *Jeanne de Village*, en 1468 ;

24. *Jean de Lafond*, en 1502 ;

25. *Antoine Barachon*, avocat à Bourges en 1532 ;

26. *Charles Laleu* et *Eugène Hémelon*, en 1513 ;

27. *Pierre Recueau*, avocat à Bourges en 1616 ;

28. *Bigot*, en 1564 ;

29. *Jean Cousin*, marchand à Bourges en 1429 ;

30. *François de l'Espérance*, écuyer en 1561 ;

31. *Philippe Cornillat*, huissier au bureau des finances de Bourges, en 1615 ;

32. *Jean Dolu*, marchand à Paris, en 1546. Son contrat de mariage a été reçu par un Maupeou, notaire au Châtelet.

33. *Claude Songy*, de la ville d'Orléans, en 1584 ;

34. *Arnoul de Nouveau*, marchand à Bourges, en 1565 ;

35. *Marc Bardon*, en 1466 ;

36. *Charlemagne*, en 1609 ,

37. *Jean Bonnin*, en 1568 ;

38. *André Hadon*, en 1498 ;

39. *D'Hérouard*, écuyer en 1659 ;

40. *Charles Robin*, écuyer, vicomte de *Cologne* en 1663 ;

41. *Jean Maréchal*, avocat à Bourges en 1553 ;

42. *Jean Chardelet*, écuyer en 1481 ;

43. *Philippe de Vauges*, écuyer en 1478 ;

44. *Jean Dauphin*, écuyer en 1478 ;

45. *Jean Potier*, dit *Martineau*, en 1454 ;

46. *Jean de Fontenay*, en 1442 ;

47. *Pierre Barangier*, écuyer en 1531 ;

48. *Martin Gougnon*, en 1505 ;

49. *Guillaume Compaing*, sieur d'Azenay, en 1520.

Je n'ai pas pu trouver les traces de la négociation dont était chargé M. Dupré de St-Maur ; le résultat en fut l'acquisition par le Roi des papiers que conservaient les demoiselles Labbé ; ils font partie aujourd'hui de l'immense dépôt des archives du royaume.

Comme on le voit, les demoiselles Labbé avaient disposé des titres les plus intéressants. Il y a lieu de présumer que celles des familles nommées dans cette liste qui n'étaient pas de la province y possédaient des biens en 1715.

TABLE DES MATIÈRES.

—

* La 1re colonne M. indique la page du Mémoire de M. de Séraucourt.
La seconde colonne N. indique celle des Notes de MM. de Boulainvilliers
et de Girardot.

FIN.

Bourges, Imp. et Lith. de JOLLET-SOUCHOIS.

www.ingramcontent.com/pod-product-compliance
Lightning Source LLC
Chambersburg PA
CBHW052148090426
42741CB00010B/2185